Bon
poids
Bon
cœur

avec la méthode
Montignac

Bon poids Bon cœur

avec la méthode Montignac

Dr Jean G. Dumesnil,
cardiologue à l'Institut de cardiologie de l'hôpital Laval
et professeur à l'Université Laval

et Michel Montignac

avec la collaboration de Madeleine Cloutier

Flammarion

 Québec

Données de catalogage avant publication (Canada)

Dumesnil, Jean G

Bon poids, bon cœur avec la méthode Montignac

ISBN 2-89077-214-4

1. Cœur - Maladies - Diétothérapie. 2. Cœur - Maladies - Prévention.
3. Régimes amaigrissants. 4. Perte de poids. I. Montignac, Michel.
II. Cloutier, Madeleine. III. Titre.

RC684.D5D85 2002   616.1'205   C2002-940676-5

Conception graphique et mise en page : Olivier Lasser
Révision : Liliane Michaud

Des chapitres de cet ouvrage ont été publiés dans *Bien manger pour prévenir les maladies du cœur avec la méthode Montignac* de Michel Montignac (Flammarion, 2001).

Imprimé au Canada

TABLE DES MATIÈRES

REMERCIEMENTS

Nous aimerions remercier de façon particulière Jean-Pierre Després et Angelo Tremblay. Ils ont fait preuve d'une grande ouverture d'esprit et, malgré leurs nombreuses occupations, ils ont toujours été très disponibles pour nous. Sans eux, le projet de recherche sur la méthode Montignac et la publication qui a suivi n'auraient jamais vu le jour. Des remerciements vont aussi à Paul Poirier pour avoir été l'élément provocateur de cette collaboration ainsi qu'aux autres collègues et collaborateurs engagés dans cette entreprise (Jacques Turgeon, Marcel Gilbert, Louise Gagnon, Sylvie Saint-Pierre, Caroline Garneau, Isabelle Lemieux, Agnès Pascot et Jean Bergeron) ; leur appui et leur enthousiasme ont aussi été indéfectibles.

AVANT-PROPOS

PAR MICHEL MONTIGNAC

Depuis plus de quinze années que mes recommandations nutritionnelles sont dans le domaine public, notamment à travers les différentes publications dont elles ont fait l'objet, j'ai eu la grande satisfaction de recevoir des milliers de témoignages. Ces derniers portaient à la fois sur l'efficacité de ma méthode d'amaigrissement mais aussi et même surtout sur les effets secondaires bénéfiques qui ne manquaient pas de se manifester.

Parmi ces témoignages qui émanent principalement des lecteurs des livres, il y a ceux de médecins qui observent sur eux-mêmes ou le plus souvent sur leurs patients, outre un indéniable amaigrissement, les signes d'une amélioration substantielle de leur bilan lipidique (diminution de l'hypercholestérolémie, des triglycérides...) de même qu'une réduction de l'hypertension artérielle.

En 1991, le Pr Maurice Cloarec, chef du Service de cardiologie à l'Hôpital Thenon à Paris, m'avait contacté pour me dire qu'il était agréablement surpris de constater que nombre de ses patients avaient considérablement diminué leurs facteurs de risques cardiovasculaires après avoir adopté les conseils alimentaires de la méthode Montignac. Il me fit d'ailleurs l'honneur d'une préface particulièrement élogieuse dans l'un de mes livres*.

En 1995, le docteur américain Morisson Bethea, chef de Service du département de chirurgie cardiaque du Mercy Baptist Hospital à La Nouvelle-Orléans écrivait lui aussi dans la préface d'un autre de mes livres** qu'il constatait une diminution de 20 à 30 % du cholestérol des patients à qui il prescrivait la méthode Montignac.

Tous ces témoignages, aussi respectables furent-ils, n'en laissèrent pas moins sceptiques les nutritionnistes et diététistes officiels. Certains d'entre eux, irrités semble-t-il par le succès d'une méthode dont il était difficile de contester l'efficacité sur le plan de la perte de poids, laissèrent même paradoxalement entendre que son suivi pouvait être dangereux en termes d'aggravations des risques cardiovasculaires. Ces allégations négatives contribuèrent pendant plusieurs années à jeter parfois le doute dans l'esprit des médias et par voie de conséquence dans celui de certains lecteurs de mes livres.

En 1996, le Dr Jean G. Dumesnil, qui désespérait de perdre sa surcharge pondérale dont aucun régime n'était venu à bout, décida de suivre la méthode Montignac. Six mois plus tard, il s'était délesté de 21 kilos. Impressionné par sa propre performance, il voulut, en sa qualité de chercheur, en approfondir les arcanes scientifiques. C'est ainsi qu'il entreprit une étude scientifique qui non seulement prouva l'efficacité de la méthode en termes d'amaigrissement mais surtout, montra qu'elle entraînait des effets bénéfiques remarquables sur le plan de la prévention (et même de la diminution) des facteurs de risques cardiovasculaires.

En cosignant le présent ouvrage avec moi, le Dr Dumesnil prouve qu'il a le courage de ses opinions et de ses convictions scientifiques.

---

* *Mettez un turbo dans votre assiette,* édition Artulen, 1991 ; Éditions J'ai lu, 1996
** *Méthode Montignac – Spécial Femme,* éditions Flammarion, 1995 ; Éditions J'ai lu, 1996

Il avait déjà fait preuve d'une grande ouverture d'esprit en décidant de suivre pour son compte personnel la méthode d'amaigrissement d'un non-médecin. Et il se montra ensuite encore plus audacieux lorsqu'il réussit à convaincre ses collègues, et parmi eux de très respectables nutritionnistes, d'entreprendre une expérimentation scientifique sur le sujet. Comme l'on sait, cette dernière fit même l'objet d'une publication officielle en novembre 2001 dans l'une des revues scientifiques les plus prestigieuses, le *British Journal of Nutrition*.

Grâce à son courage, à son honnêteté intellectuelle et à sa rigueur de chercheur, le Dr Dumesnil a permis à la méthode Montignac de sortir de la marginalité où elle se trouvait – malgré son grand succès populaire – en lui permettant d'être scientifiquement reconnue.

J'aimerais donc à la fois manifester ici ma profonde gratitude à son égard et le remercier pour sa précieuse contribution dans la validation de la thèse nutritionnelle que j'ai toujours soutenue.

INTRODUCTION

Les maladies cardiovasculaires (maladies de cœur et accidents vasculaires cérébraux) comptent encore parmi les principales causes de maladie, d'invalidité et de décès au Canada. Elles imposent un lourd fardeau à l'individu, à la collectivité et au système de santé.

L'espérance de vie des patients porteurs de ces maladies a cependant augmenté. C'est notamment grâce à l'avènement de médicaments plus efficaces ainsi qu'au perfectionnement des interventions, qu'elles soient chirurgicales ou par voie de cathétérisme cardiaque. Dans ce contexte, on pourrait avoir la fausse impression que la maladie cardiaque est devenue moins grave qu'auparavant, voire banale. En effet, le pontage ou la dilatation coronarienne (angioplastie) est souvent vu comme un simple accident de parcours au terme duquel la réussite de l'intervention constitue un gage de guérison!

Or il n'en est rien, puisque ces interventions ne traitent que les conséquences de la maladie et non ses causes. Les statistiques nous montrent que le taux de mortalité attribuable aux maladies cardiovasculaires est en baisse. On ignore cependant si ce changement est dû à une diminution du nombre de nouveaux cas ou à une amélioration des traitements. De fait, à en juger par l'achalandage des hôpitaux et compte tenu du vieillissement de la population, il est peu probable que le nombre de nouveaux cas ait diminué et il y a gros à parier que la baisse du taux de mortalité est en grande partie due à de meilleurs traitements.

À l'appui de cette interrogation, force est de constater que les principaux facteurs de risque de la maladie coronarienne – tabagisme, sédentarité, hypertension, maladies lipidiques, obésité et diabète – sont encore très présents au sein de nos populations occidentales. Bien sûr, certains comme le tabagisme, l'hypercholestérolémie et l'hypertension artérielle sont mieux traités, mais d'autres comme l'obésité et le diabète n'ont cessé d'augmenter depuis vingt ans, au point qu'on parle maintenant de véritable épidémie en ce qui les concerne. Ces deux maladies sont d'ailleurs reconnues maintenant comme étant des facteurs de risque à part entière pour la maladie coronarienne.

À ce constat vient s'ajouter une dimension économique non négligeable, la maladie demeurant toujours aussi fréquente et les traitements coûtant de plus en plus cher. L'escalade des coûts est telle qu'on risque d'assister tôt ou tard à un véritable débat de société : nos gouvernements auront-ils encore longtemps les ressources nécessaires pour rendre ces traitements disponibles à tous les citoyens ?

La dimension économique n'est pas nécessairement nouvelle, mais elle a maintenant un caractère d'urgence beaucoup plus important. Dans ce contexte, plusieurs intervenants sont depuis longtemps convaincus que la solution passe davantage par la prévention des facteurs de risque que par la multiplication de traitements coûteux. Malheureusement cette nécessité se heurte encore à bien des obstacles : scepticisme quant aux résultats obtenus, méthodes mal définies, manque de formation des médecins, sous-financement de la recherche, etc.

La prévention nutritionnelle, en particulier, a toujours été un élément négligé du système. En effet, la plupart des médecins ont eu une formation très succincte en nutrition au cours de leurs études, et leurs connaissances sur le sujet demeurent limitées dans bien des cas. La venue de nouveaux médicaments plus puissants a aussi contribué à amplifier la perception que la plupart des diètes sont plus ou moins efficaces et qu'elles n'ont finalement qu'une importance très relative dans le traitement de leurs patients.

Sur une plus grande échelle, l'augmentation effarante de l'obésité et du diabète dans toutes les couches de la société témoigne vraisemblablement d'un échec collectif quant à notre alimentation. En effet, il faut constater que la nutrition a une lourde part de responsabilité dans la genèse de l'obésité et du diabète et qu'une solution efficace n'a pas encore été trouvée.

Les auteurs de ce livre ont suivi un cheminement très différent. Michel Montignac est un nutritionniste autodidacte qui a élaboré une méthode originale d'abord destinée à contrer l'obésité. Il a été l'un des premiers à penser que l'hyperglycémie (élévation du taux de sucre) et l'hyperinsulinisme (élévation du taux d'insuline) étaient au premier plan dans le développement de l'obésité. La méthode qu'il propose est la première à utiliser de façon pratique les index glycémiques et son efficacité n'a d'égale que sa facilité relative du fait qu'elle est basée sur le choix des aliments et non sur la restriction ou la privation.

Jean G. Dumesnil est un cardiologue spécialisé dans le diagnostic et le traitement des maladies cardiovasculaires. Au départ, la nutrition et la prévention n'étaient pas sa préoccupation première, jusqu'à ce qu'il se rende compte de son obésité. C'est alors qu'un collègue qui avait suivi la méthode Montignac lui suggère de l'essayer. Fasciné par les résultats rapides qu'il obtient (il perdra finalement 21 kilos) et par le contraste frappant entre cette réussite et l'échec de ses patients qui tentent de maigrir par les moyens traditionnels.

Il fait part de son enthousiasme à des collègues de l'Université Laval, tous des chercheurs chevronnés en prévention cardiovasculaire et en nutrition, qui rapidement entreprennent une recherche pour évaluer les mécanismes de la méthode Montignac et ses effets sur le métabolisme. À leur grande surprise, les résultats sont supérieurs à ce qu'ils avaient espéré, résultats qui seront plus tard publiés dans la prestigieuse revue *British Journal of Nutrition*, en novembre 2001.

Si Jean G. Dumesnil et Michel Montignac ont décidé de s'unir pour écrire ce livre, c'est qu'ils y voient un espoir important pour tous ceux qui sont atteints ou à risque d'être atteints d'une maladie cardiaque. La solution proposée est faisable et elle fonctionne. Les auteurs souhaitent, par ce livre, vous convaincre du bien-fondé et de l'efficacité de la solution qu'ils proposent et ainsi de vous procurer la motivation nécessaire pour l'adopter avec succès.

Le but de cet ouvrage n'est pas de remplacer la consultation ou les conseils d'un médecin. Si vous êtes sous médication, vous ne devez pas modifier votre alimentation sans consulter d'abord votre médecin.

*   *   *

Avertissement :

Ce livre traite de l'alimentation et il contient des conseils destinés à améliorer les comportements alimentaires. Sa mise en application demeure à la discrétion du lecteur et elle doit s'inscrire dans un contexte global visant une amélioration du régime de vie et une prévention des facteurs de risque.

CHAPITRE I

LE POURQUOI DE CE LIVRE :
POINT DE VUE DU CARDIOLOGUE

PAR Dᴿ JEAN G. DUMESNIL

En 1995, je me suis retrouvé dans une situation qui rattrape malheureusement bien des gens au tournant de la cinquantaine. Je mesurais 1,69 mètre et je pesais 89 kilos, ce qui selon toutes les définitions correspond à une obésité franche.

La situation s'était installée lentement et insidieusement de telle sorte que je m'en étais plus ou moins rendu compte. Il y avait bien eu quelques remarques de mon entourage mais… Comme quoi la perception que l'on a de soi ne correspond pas nécessairement à celle qu'en ont les autres, et comme quoi l'on devrait probablement être plus à l'écoute de son entourage !

J'ai connu mon chemin de Damas le jour où un collègue bien intentionné, et à qui je dois sûrement quelques années de vie supplémentaires, m'a mentionné pour la troisième fois et avec insistance que je devrais définitivement me procurer un livre intitulé *Je mange, donc je maigris** écrit par un certain Michel Montignac, dont j'ignorais complètement l'existence.

---

* Éditions Flammarion, 1995

Lui-même avait suivi ce régime avec grand succès et il in-sistait beaucoup sur le fait qu'il ne s'agissait vraiment pas d'une diète comme les autres puisqu'il n'y avait aucune restriction quant à la quantité d'aliments qui pouvaient être mangés. Le régime consistait uniquement à faire les bons choix alimentaires et à manger à sa faim !

J'avoue avoir été fort intrigué, ma perception jusqu'alors étant que tous les régimes amaigrissants reposaient d'abord et avant tout sur la restriction. D'ailleurs, j'avais déjà tenté d'en suivre quelques-uns, mais sans grand succès puisque s'installait toujours à plus ou moins long terme un profond sentiment de privation et de frustration. C'est sans doute la principale raison pour laquelle la plupart des gens échouent lamentablement lorsqu'ils tentent de suivre des régimes à long terme.

Mon obésité progressive aurait dû m'alarmer, d'autant que j'étais déjà traité pour une hypercholestérolémie, que j'avais une tension artérielle limite et que j'étais un ex-fumeur. Je présentais donc tous les éléments conduisant directement et à plus ou moins brève échéance à une crise cardiaque ou à un accident vasculaire cérébral.

Je reproduisais donc là avec brio le vieil adage du cordonnier mal chaussé puisque j'étais moi-même cardiologue et bien au fait de toutes les implications et de tous les risques qu'un tel profil pouvait représenter.

À cela s'ajoutait un profond sentiment de culpabilité vis-à-vis de mes patients. J'étais en effet un fort mauvais exemple pour eux et surtout bien mal placé pour leur donner des con-seils d'ordre nutritionnel.

Je pouvais toujours me disculper un peu en pensant que la prévention nutritionnelle était moins à l'avant-plan des préoc-cupations des médecins qu'auparavant. Les raisons de ce dé-sintérêt malheureusement très réel sont à mon avis multiples et comprennent entre autres l'arrivée de médicaments plus effi-caces destinés à abaisser le taux de cholestérol ainsi que les résultats la plupart du temps décevants observés à la suite de la prescription de diètes traditionnelles.

Avec ma compagne, Madeleine Cloutier, j'ai donc entrepris de suivre la méthode Montignac : achats de livres, bouleversement des habitudes alimentaires, des achats à l'épicerie, de la constitution du garde-manger, etc. (voir l'annexe). Néanmoins, ces changements ne se sont pas avérés trop difficiles et comme me l'avait prédit mon collègue, j'ai été tout de suite frappé par l'efficacité de la méthode et sa relative facilité.

J'ai perdu environ 1 kilo par semaine durant les premiers mois tout en ayant la sensation de manger à ma faim. Je me suis senti évidemment privé de certaines choses (par exemple sucre, pommes de terre, pain blanc) durant les premières semaines, mais ce sentiment s'est estompé rapidement, d'autant plus que j'étais très satisfait de la perte de poids.

À la longue, notre alimentation s'est diversifiée et j'ai découvert finalement un plus grand plaisir à manger qu'auparavant. J'avais également l'impression de goûter davantage les aliments.

Ainsi, à la fin d'un repas, nous nous sentions rassasiés tout en n'étant ni «bourrés» ni gonflés, comme cela pouvait nous arriver avant. Nous étions également prêts à reprendre aussitôt nos activités, je n'éprouvais plus les coups de pompe qu'il m'arrivait parfois de ressentir l'après-midi.

Somme toute, nous étions tous les deux enchantés du résultat. Parallèlement, mon côté clinicien me portait à me demander pourquoi cette méthode n'était pas plus connue des scientifiques et du public (le «phénomène» Montignac n'avait pas encore touché le Québec). Cela était d'autant plus surprenant que le problème de l'obésité et de ses effets néfastes était de plus en plus décrié autant dans les revues scientifiques que dans les médias.

C'est dans ce contexte que ma compagne et moi avons reçu un choc le jour où nous avons entendu en 1997 un reportage de l'émission *Découverte*, à Radio-Canada, portant sur l'obésité. La conclusion du reportage était que le problème de l'obésité demeurait entier, et ce, malgré une panoplie de nouvelles diètes qui ne fonctionnaient pas plus les unes que les autres.

L'émission se terminait par un visuel montrant différents livres traitant de régimes qui étaient jetés les uns sur les autres pendant qu'une voix faisait état de leur inefficacité. Le dernier livre de la pile était *Je mange, donc je maigris* de Montignac! Nous en avons été estomaqués, d'autant plus que l'expérience que nous étions en train de vivre semblait aller tout à fait à l'encontre de cette conclusion.

Parmi les experts invités à cette émission, il y avait les professeurs Jean-Pierre Després et Angelo Tremblay de l'Université Laval, qui sont reconnus comme des autorités mondiales dans le domaine de la nutrition. Bien que faisant partie du même établissement, je ne les connaissais pas personnellement, mais je savais qu'un de nos résidents en formation avait déjà travaillé avec eux.

Par hasard, j'ai croisé ce résident à mon arrivée à l'hôpital le lendemain. Je n'ai pas pu m'empêcher de lui faire part de mon étonnement sur l'émission de la veille, d'autant plus que je le savais lui aussi très intéressé par le problème de l'obésité. Il m'a répondu que MM. Després et Tremblay étaient des gens très ouverts et que le mieux était de les rencontrer pour en discuter.

Une rencontre a donc été organisée. Pour ajouter plus de poids (!) et de crédibilité à mes observations, j'ai décidé d'inviter à la réunion certains collègues qui avaient, eux aussi, suivi la méthode Montignac avec succès.

Je pense que nos arguments ont réussi quelque peu à ébranler Jean-Pierre et Angelo puisqu'ils nous ont proposé d'élaborer un projet de recherche visant à documenter de façon scientifique nos observations. Grâce à l'enthousiasme et à la collaboration de tous, le projet a donc démarré très rapidement.

Il faut mentionner que, lorsque le projet fut enclenché, notre groupe de recherche ne connaissait pas Michel Montignac et que c'est seulement par la suite que nous l'avons rencontré. Il fut à la fois surpris et ravi d'apprendre qu'un projet de recherche portant sur sa méthode était en train d'être réalisé.

Ironie du sort : environ un an plus tard, nous étions invités, Jean-Pierre, Angelo et moi à *Découverte* pour y faire part des résultats de cette recherche et, au moment où j'écris ces lignes, je me prépare à nouveau à y être interviewé pour les mêmes raisons.

Les résultats de la recherche ont effectivement été très positifs et ils ont finalement été publiés dans le *British Journal of Nutrition* à l'automne 2001. Pour ma part, j'ai perdu 21 kilos durant les six premiers mois et je maintiens sensiblement le même poids cinq ans plus tard. Comme vous le verrez dans ce livre, j'ai aussi réglé mon problème d'hypercholestérolémie avec des effets qui n'auraient pu être obtenus avec les médicaments seuls.

En ce qui me concerne, les effets de la méthode Montignac ne se sont donc pas démentis à long terme, tant pour la perte de poids que par rapport à l'amélioration du profil métabolique. Il reste maintenant à prouver scientifiquement que des résultats similaires peuvent être reproduits chez de plus grands groupes et une recherche à cet effet est actuellement en cours.

La divulgation des premiers résultats de la recherche a suscité un très grand intérêt de la part des médias et du public. Malheureusement, elle a aussi donné lieu à des réactions plutôt agressives de la part de certains qui n'acceptaient pas que le discours nutritionnel traditionnel puisse être remis en question. C'était un comportement auquel j'étais peu habitué dans le domaine de la cardiologie où j'effectue habituellement mes recherches, et où les discussions sont habituellement plus objectives et basées sur des résultats plutôt que sur des dogmes.

La réaction était d'autant plus surprenante que le problème de l'obésité demeure entier et que lesdites méthodes traditionnelles n'ont rien réussi à régler à cet égard. Qui plus est, sans remise en question, la science ne réussirait jamais à progresser et nous en resterions toujours au même point.

Dans les faits, il se passe très peu de temps sans qu'un quelconque média ou organisme public vienne nous rappeler la progression fulgurante de l'obésité et du diabète de type II ainsi que de leurs effets néfastes sur la santé cardiovasculaire. Au cœur de ce problème, la plupart s'entendent maintenant pour dire qu'il y a un surplus de production d'insuline par l'organisme (hyperinsulinisme).

Or, l'élément qui déterminera d'abord s'il y aura production plus ou moins importante d'insuline par notre pancréas sera l'élévation plus ou moins importante du taux de sucre dans notre sang (ou glycémie). Il est aussi évident que notre alimentation moderne nous fait consommer des sucres raffinés (il y a du sucre partout, lisez les étiquettes !) à des niveaux inégalés et que notre pancréas n'a jamais été aussi sollicité.

Bien que tous les liens ne soient pas encore compris, il est donc de plus en plus évident, tant du point de vue physiologique qu'épidémiologique, que la consommation de sucres raffinés et autres glucides qui font augmenter de façon importante le taux de sucre est un facteur majeur, sinon le facteur déterminant dans la genèse de l'obésité et du diabète de type II. Ces deux problèmes de santé augmentent aussi de façon considérable le risque de maladie cardiovasculaire.

Or les recommandations officielles demeurent toujours très timides quant à la consommation des sucres, qu'elles considèrent comme étant plutôt banale. L'attention est plutôt concentrée sur la consommation des graisses.

Si j'ai décidé de participer à ce livre, c'est en grande partie pour lancer un cri d'alarme concernant les effets pervers et toujours grandissants des sucres raffinés dans notre alimentation.

Au risque qu'on m'attribue un discours démagogique, je pense qu'on verra un jour le sucre comme la nicotine du XXe siècle et que dans un avenir plus ou moins rapproché, on rougira d'en avoir autant encouragé et toléré la consommation.

Qu'on pense notamment aux franchises qu'on a vendues à fort prix pour introduire des distributrices de boissons gazeuses dans les écoles (il y a trente ans, c'étaient des distributrices de cigarettes qu'on retrouvait aux mêmes endroits!). Le sucre est omniprésent dans la restauration rapide et les « snacks » de toutes sortes. Plus encore, le commerce et la société en général veulent nous donner bonne conscience en nous encourageant à consommer des produits allégés en graisses, mais néanmoins bourrés de sucre!

Une deuxième raison pour écrire ce livre est la conviction qu'il existe maintenant une amorce de solution très valable. Comme nous le verrons, le concept des index glycémiques proposé dans la méthode de Michel Montignac fournit une approche équilibrée et évite les excès inhérents à plusieurs autres régimes. De fait, cette approche réaliste est non seulement efficace pour perdre du poids mais tel qu'il sera démontré, elle entraîne aussi une diminution importante du taux d'insuline et améliore de façon notable le profil métabolique.

De plus, l'adhérence à long terme est souvent un problème majeur lorsqu'on entreprend un régime et elle est la plupart du temps conditionnée par notre plus ou moins grande motivation. Une autre raison majeure pour écrire ce livre est aussi l'espoir que la démonstration des effets bénéfiques importants de la méthode Montignac pourra être utilisée par le lecteur comme une source additionnelle de motivation pour un maintien à long terme.

À titre d'exemple, mentionnons que le taux de succès pour l'arrêt du tabagisme est beaucoup plus important depuis qu'on a pu faire la démonstration flagrante de ses effets néfastes sur des gens.

Finalement, nous espérons que cette contribution entraînera une prise de conscience tout autant individuelle que collective. Les politiques nutritionnelles de nos organismes officiels (Nutrition Canada) auraient à mon avis besoin qu'on y jette un regard neuf en tentant d'éviter les *a priori* et en se fondant le plus possible sur des évidences scientifiques.

CHAPITRE II

LA MORTALITÉ CARDIOVASCULAIRE : TOUJOURS BONNE PREMIÈRE

Malgré les progrès remarquables de leurs traitements (pontages, angioplastie, médicaments puissants permettant de dissoudre les caillots, d'abaisser le cholestérol, etc.), les maladies cardiaques demeurent toujours bonnes premières pour la mortalité et de la morbidité.

On note aussi, étant donné que la population vieillit, que les patients qui souffrent de la maladie vivent plus longtemps et que les traitements modernes coûtent très cher, une escalade considérable des coûts. De fait, cette augmentation des coûts est telle que, si la prévalence de la maladie n'est pas mieux contrôlée, la société devra probablement faire des choix douloureux sur le plan budgétaire.

Les pages suivantes donnent un aperçu de l'importance du phénomène à partir des statistiques compilées par Statistique Canada et reprises par la Fondation canadienne des maladies du cœur.

DES STATISTIQUES

Les maladies cardiovasculaires demeurent la première cause de mortalité dans les pays industrialisés, mais les taux varient considérablement d'un pays à l'autre. Ainsi, contrairement à l'Amérique du Nord et aux autres pays occidentaux où il a diminué, le taux de mortalité a augmenté en Russie, en Europe de l'Est et dans de nombreux pays en voie de développement.

À partir de ces statistiques, il est intéressant de noter que la Fondation des maladies du cœur du Canada commentait ainsi les différences entre pays dans son rapport intitulé *Le nouveau visage des maladies cardiovasculaires et des accidents vasculaires cérébraux au Canada*[*].

« Même si des différences liées aux facteurs de risque et à la qualité des traitements peuvent expliquer les écarts entre les taux de mortalité des divers pays, de nombreux éléments demeurent inexpliqués. Compte tenu de leur tendance à adopter le régime alimentaire occidental et le tabagisme, on s'attend à ce que les pays moins développés connaissent dans l'avenir une hausse des maladies cardiovasculaires, entraînant un fardeau important pour ces populations. »

Par ailleurs, même si le Canada a un des taux les plus bas par rapport aux autres pays, les maladies cardiovasculaires n'en demeurent pas moins la principale cause de mortalité dans notre pays.

Parce qu'elles sont relativement protégées par leurs hormones jusqu'à la ménopause, le taux de mortalité par maladie cardiaque est moins élevé chez les femmes que chez les hommes avant l'âge de 65 ans, mais les différences s'amenuisent par la suite.

Cependant, il est encourageant de noter que le taux de mortalité par maladies cardiovasculaires a diminué au cours des dernières années, tant chez les femmes que chez les hommes.

---

[*] Ottawa, Canada, 1999

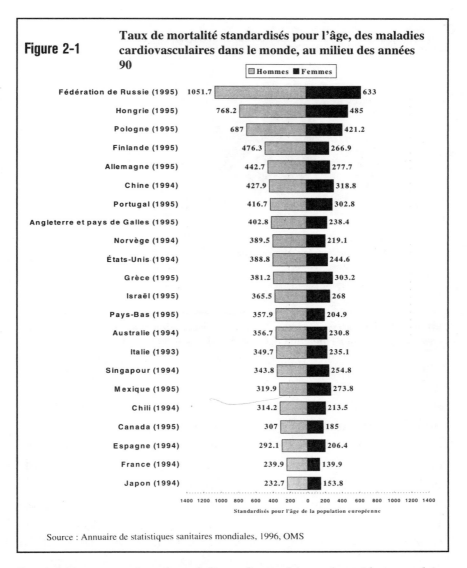

Figure 2-1 — Taux de mortalité standardisés pour l'âge, des maladies cardiovasculaires dans le monde, au milieu des années 90

Source : Annuaire de statistiques sanitaires mondiales, 1996, OMS

Extrait de *Le nouveau visage des maladies cardiovasculaires et des accidents vasculaires cérébraux au Canada,* Fondation des maladies du cœur du Canada, Ottawa, 1999.

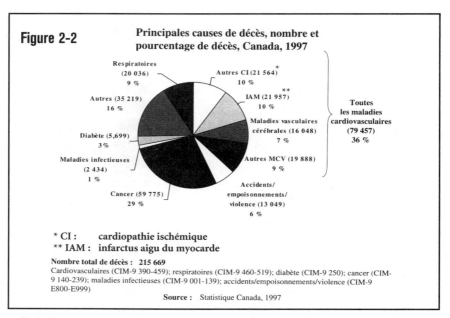

Figure 2-2 — Principales causes de décès, nombre et pourcentage de décès, Canada, 1997

* CI : cardiopathie ischémique
** IAM : infarctus aigu du myocarde

Nombre total de décès : 215 669
Cardiovasculaires (CIM-9 390-459); respiratoires (CIM-9 460-519); diabète (CIM-9 250); cancer (CIM-9 140-239); maladies infectieuses (CIM-9 001-139); accidents/empoisonnements/violence (CIM-9 E800-E999)

Source : Statistique Canada, 1997

Extrait de *Le nouveau visage des maladies cardiovasculaires et des accidents vasculaires cérébraux au Canada,* Fondation des maladies du cœur du Canada, Ottawa, 1999.

Cette amélioration du taux de mortalité peut être due à de meilleurs efforts de prévention ou à une amélioration des traitements. La réponse exacte à cette question n'est pas complètement connue, mais il est probable que prévention et traitement ont tous deux eu une influence. Ainsi, des efforts de prévention, comme la cessation du tabagisme, ont connu un succès certain mais leur effet a souvent été plus important sur les gens qui étaient déjà victimes de la maladie (prévention secondaire) que sur ceux qui ne l'avaient jamais contractée. Par ailleurs, les traitements se sont grandement améliorés, tant les médicaments que les interventions par chirurgie ou par dilatation coronarienne (angioplastie). Ils ont sûrement contribué eux aussi à diminuer le taux de mortalité. Nonobstant cette diminution du taux de mortalité, le nombre de patients atteints de la maladie n'a cependant pas diminué. Étant donné

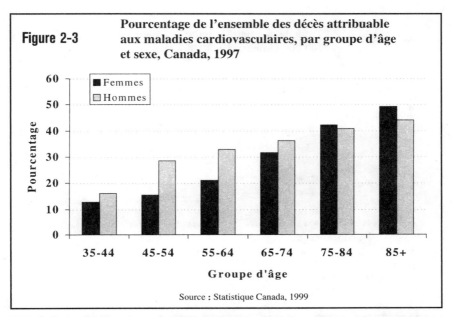

Figure 2-3 — Pourcentage de l'ensemble des décès attribuable aux maladies cardiovasculaires, par groupe d'âge et sexe, Canada, 1997

Source : Statistique Canada, 1999

Extrait de *Le nouveau visage des maladies cardiovasculaires et des accidents vasculaires cérébraux au Canada,* **Fondation des maladies du cœur du Canada, Ottawa, 1999.**

que les nouveaux traitements coûtent de plus en plus cher, la facture globale reliée aux maladies cardiovasculaires n'a donc cessé d'augmenter.

Ce constat est d'ailleurs corroboré par les taux d'hospitalisations pour maladie cardiaque qui ont peu diminué au cours des années, confirmant donc que la maladie demeure toujours aussi fréquente et qu'elle continue à avoir un impact économique considérable.

La situation ne risque pas non plus de s'améliorer puisqu'il est prévu que le nombre d'hospitalisations pour maladies cardiovasculaires augmentera au cours des prochaines années à la fois à cause du vieillissement de la population et du fait que les patients atteints de cette maladie vivent plus longtemps.

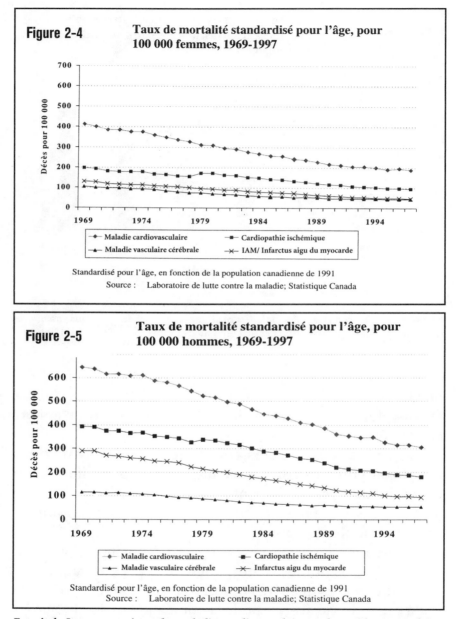

Figure 2-4 — Taux de mortalité standardisé pour l'âge, pour 100 000 femmes, 1969-1997

Standardisé pour l'âge, en fonction de la population canadienne de 1991
Source : Laboratoire de lutte contre la maladie; Statistique Canada

Figure 2-5 — Taux de mortalité standardisé pour l'âge, pour 100 000 hommes, 1969-1997

Standardisé pour l'âge, en fonction de la population canadienne de 1991
Source : Laboratoire de lutte contre la maladie; Statistique Canada

Extrait de *Le nouveau visage des maladies cardiovasculaires et des accidents vasculaires cérébraux au Canada,* Fondation des maladies du cœur du Canada, Ottawa, 1999.

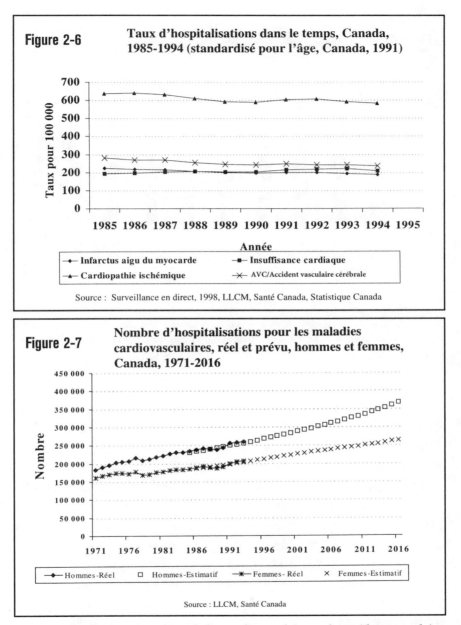

Figure 2-6 — Taux d'hospitalisations dans le temps, Canada, 1985-1994 (standardisé pour l'âge, Canada, 1991)

- Infarctus aigu du myocarde
- Insuffisance cardiaque
- Cardiopathie ischémique
- AVC/Accident vasculaire cérébrale

Source : Surveillance en direct, 1998, LLCM, Santé Canada, Statistique Canada

Figure 2-7 — Nombre d'hospitalisations pour les maladies cardiovasculaires, réel et prévu, hommes et femmes, Canada, 1971-2016

- Hommes-Réel
- Hommes-Estimatif
- Femmes-Réel
- Femmes-Estimatif

Source : LLCM, Santé Canada

Extrait de *Le nouveau visage des maladies cardiovasculaires et des accidents vasculaires cérébraux au Canada,* Fondation des maladies du cœur du Canada, Ottawa, 1999.

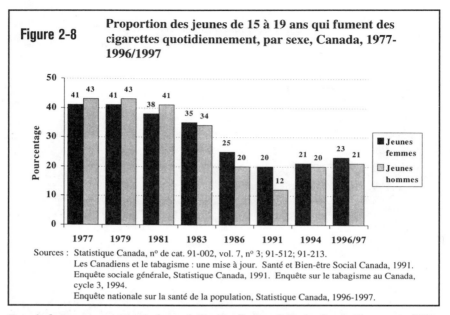

Figure 2-8 Proportion des jeunes de 15 à 19 ans qui fument des cigarettes quotidiennement, par sexe, Canada, 1977-1996/1997

Sources : Statistique Canada, n° de cat. 91-002, vol. 7, n° 3; 91-512; 91-213.
Les Canadiens et le tabagisme : une mise à jour. Santé et Bien-être Social Canada, 1991.
Enquête sociale générale, Statistique Canada, 1991. Enquête sur le tabagisme au Canada, cycle 3, 1994.
Enquête nationale sur la santé de la population, Statistique Canada, 1996-1997.

Extrait de *Le nouveau visage des maladies cardiovasculaires et des accidents vasculaires cérébraux au Canada,* Fondation des maladies du cœur du Canada, Ottawa, 1999.

Finalement, la figure 2-8 démontre bien que les efforts de prévention doivent être continus et constamment renouvelés. En effet, alors que le tabagisme chez les jeunes Canadiens a diminué de façon importante au cours des années 80, cette diminution ne s'est pas maintenue au cours des années 90 et on note même une légère remontée du tabagisme chez les jeunes.

De toutes ces statistiques, il ressort à l'évidence que des interventions préventives qui cibleraient davantage les facteurs de risque seraient sûrement plus rentables sur le plan économique que des interventions thérapeutiques qui coûtent de plus en plus cher. Malheureusement la vogue actuelle favorise bien plus les interventions thérapeutiques que les efforts de prévention.

Ainsi, pour l'individu, il est souvent plus facile de profiter du moment présent que de faire des efforts en fonction de résultats qui paraissent plus ou moins lointains. Quant aux médecins, la plupart ont été formés pour faire du thérapeutique plutôt que du préventif et de toute façon leur charge de travail leur laisse peu de temps pour s'occuper de prévention.

Finalement, eu égard au contexte économique difficile, les gouvernements ont restreint pendant de nombreuses années les subventions qu'ils allouaient à la recherche et cet espace a été progressivement occupé par l'industrie privée. L'intérêt de cette dernière est cependant beaucoup plus d'investir dans des projets de recherche portant sur des interventions d'ordre thérapeutique et il y a donc eu une pénurie relative dans les fonds alloués pour la recherche d'ordre préventif.

En conclusion, l'impact des maladies cardiovasculaires demeure entier tant du point de vue de leur fréquence que de leurs coûts pour la société. Les progrès ont été beaucoup plus importants sur le plan thérapeutique que préventif. Comme il en sera question dans ce livre, la prévention nutritionnelle a en particulier été négligée et il y a un rattrapage important à faire de ce côté.

CHAPITRE III

LA MALADIE CARDIAQUE ATHÉROMATEUSE : CELLE QUI TUE

L a maladie coronarienne athéromateuse (ou athérosclé-reuse) est la maladie cardiaque la plus fréquente et la plus meurtrière. C'est celle qui conduit à l'**angine** ou à l'**infarctus**. Elle est causée par des dépôts de cholestérol qui entraînent un durcissement et un rétrécissement des artères. Pour bien des gens, lorsqu'ils parlent de maladie cardiaque sans préciser, c'est de cette maladie qu'il s'agit. Elle est à distinguer des autres maladies cardiaques qui sont plus rares et parmi lesquelles on trouve :

- **Les malformations congénitales :** elles sont présentes à la naissance et le diagnostic est souvent fait chez le nourrisson dès les premiers jours de vie. Ces anomalies sont des défauts anatomiques qui sont le plus souvent traitées par chirurgie.
- **Les maladies valvulaires :** atteinte des valvules cardiaques qui deviennent rétrécies et/ou incompétentes, ce qui peut ultérieurement entraîner une insuffisance cardiaque. Elles étaient autrefois attribuables le plus souvent au rhumatisme articulaire aigu, lequel est en voie de disparition dans les pays

industrialisés. La cause la plus fréquente est maintenant la dégénérescence due au vieillissement. Elles sont habituellement traitées avec succès par une opération lorsqu'elles deviennent trop sévères.

– **Les cardiomyopathies :** ensemble de maladies rares atteignant le muscle cardiaque de façon diffuse. La cause peut être multiple (immunologique, virale, dégénérative, infiltrative, etc.) et demeure souvent difficile à identifier.

LES LÉSIONS ATHÉROMATEUSES

Le mot athérosclérose vient du grec *athéré*, qui veut dire «bouillie de gruau», et de *scléros* qui signifie «dur». La maladie débute par des **plaques d'athérome**, correspondant à des dépôts graisseux dans la paroi des artères. C'est un processus compliqué, incomplètement compris et donnant lieu à encore beaucoup de recherches.

Les manifestations de la maladie sont dues à la progression de ces **plaques d'athérome** qui vont finir par occasionner des rétrécissements, des spasmes ou des thromboses (caillots), compromettant ainsi l'apport vital en oxygène aux différents organes et en particulier au cœur et au cerveau.

La formation des **plaques d'athérome** peut se résumer schématiquement ainsi :

a) D'abord surviennent des altérations des parois des artères du fait de l'agression possible de nombreux facteurs : nicotine, LDL-cholestérol, pression artérielle trop élevée, traumatisme de cristaux d'acide urique, radicaux libres, infection, etc.

b) Ces altérations entraînent le passage dans l'épaisseur de la paroi de l'artère de certaines cellules du sang, les monocytes, qui se gorgent ensuite de graisses en captant un type de cholestérol, le LDL-cholestérol (ou mauvais cholestérol) qui circule également dans le sang. Les monocytes se transforment en un nouveau type de cellules, les macrophages, qui vont continuer à se gorger de cholestérol.

c) Cette accumulation de cholestérol se traduit par une lésion dite strie lipidique, correspondant à une traînée jaunâtre de graisse déposée sur la paroi artérielle.

d) Les macrophages vont continuer à proliférer et vont sécréter des substances qui stimulent la multiplication d'autres cellules présentes sur la paroi artérielle : les fibroblastes et les cellules musculaires lisses, entraînant ainsi un épaississement de la paroi et la formation proprement dite de la plaque d'athérome.

Si la taille de la plaque d'athérome devient trop importante, elle peut finir par obstruer en partie ou en totalité la lumière de l'artère. La circulation sanguine se fait alors mal et le territoire irrigué par cette artère est susceptible de ne plus recevoir assez d'oxygène pour subvenir à ses besoins, ce qui entraînera une souffrance.

Ainsi, si c'est le cœur qui est mal perfusé par ses artères nourricières (les coronaires), le muscle cardiaque souffrira et la manifestation de cette souffrance sera la douleur angineuse, une douleur sous forme de serrement le plus souvent ressentie au milieu de la poitrine.

L'**angine** apparaîtra d'autant plus précocement lors d'un effort que la plaque d'athérome sera importante et obstruera davantage la lumière de l'artère, entraînant ainsi un manque d'oxygène à un degré d'effort moindre. Si la taille de la plaque augmente dans le temps, les douleurs d'angine surviendront donc lors d'efforts de moins en moins importants.

Outre la place que la plaque d'athérome occupe dans la lumière artérielle, rétrécissant son calibre (comme la rouille dans les tuyaux domestiques), cette plaque peut se fissurer et favoriser à son contact l'adhésion des cellules sanguines responsables de la coagulation, les plaquettes. Celles-ci sécrètent aussi des substances chimiques qui contribuent à épaissir la paroi de l'artère et, en outre, peuvent induire la formation d'un caillot sanguin en rendant le sang moins « fluide » à cet endroit.

La formation du caillot (ou thrombose) se fait habituellement rapidement et pourra obstruer une artère de façon totale ou partielle. Un spasme vasculaire surajouté pourra aussi participer à une fermeture plus complète de l'artère.

Si la fermeture de l'artère est complète et prolongée, il y aura manque complet d'oxygène au niveau du muscle cardiaque, entraînant ainsi une mort tissulaire. C'est l'**infarctus du myocarde,** qui, en plus de complications potentielles immédiates, laissera une cicatrice plus ou moins étendue, selon l'importance du territoire irrigué par l'artère thrombosée.

Si la fermeture de l'artère par le caillot est incomplète ou fluctuante, il y aura habituellement une souffrance intermittente se manifestant par des douleurs répétées au repos. Cet état clinique est appelé **angine instable** ou **syndrome coronarien aigu.**

Une partie importante du traitement dans l'infarctus du myocarde ou l'angine instable consistera à administrer des substances pour dissoudre le caillot. C'est aussi pour prévenir l'apparition de caillots que l'aspirine est prescrite aux patients souffrant de maladie coronarienne.

À des degrés divers, des phénomènes analogues peuvent se produire au niveau des artères du cerveau, ce sont les **accidents vasculaires cérébraux** ou au niveau des artères des membres inférieurs, c'est l'**athéromatose des membres inférieurs.**

RÉSUMÉ DES PRINCIPALES MANIFESTATIONS CLINIQUES

L'angine de poitrine

Une ou plusieurs artères coronaires qui nourrissent le cœur ont un calibre rétréci entraînant une oxygénation cardiaque insuffisante et une souffrance du muscle cardiaque, se manifestant par une douleur de type serrement située derrière le sternum et pouvant irradier aux deux bras ou à la mâchoire.

L'angine peut être stable ou augmenter progressivement en intensité et en durée, auquel cas on parlera d'angine crescendo.

On est parfois en présence d'un angor instable ou syndrome coronarien aigu : il est caractérisé par une angine dont les crises sont fréquentes et répétées, survenant même au repos.

L'infarctus du myocarde

Il résulte le plus souvent de la formation d'un caillot (thrombus) au contact d'une plaque d'athérome. Le manque irréversible d'oxygène aboutit à une mort cellulaire (ou nécrose) plus ou moins étendue du muscle cardiaque.

Parmi les complications possibles de l'infarctus du myocarde, citons l'apparition de troubles du rythme cardiaque qui peuvent aboutir à une mort subite ou d'une insuffisance cardiaque secondaire à une atteinte étendue du muscle cardiaque.

L'athéromatose des membres inférieurs

La plaque d'athérome qui fait saillie dans l'une ou l'autre artère entraîne une baisse du débit sanguin, d'où ischémie compliquée ou non de thrombose.

L'évolution peut être lente (artérite chronique), signalée par exemple par des crampes douloureuses des mollets à la marche, ou se révéler par un accident brutal : thrombose ou rupture artérielle.

L'athéromatose se rencontre particulièrement chez les fumeurs.

Les accidents vasculaires cérébraux

Ils peuvent être :
- de nature ischémique (80 %) : thrombose d'une artère cérébrale avec mort cellulaire de la zone du cerveau concernée ;
- de nature hémorragique par fissuration ou rupture d'un vaisseau, souvent favorisée par une hypertension artérielle associée.

Dans tous les cas, le risque de séquelles est important : paralysie partielle ou complète, troubles de la parole, etc.

L'atteinte polyartérielle

Ces maladies cardiovasculaires peuvent être isolées, mais elles sont fréquemment associées ; on note ainsi souvent l'atteinte de deux territoires artériels simultanés.

Les autres atteintes artérielles

Si celles que nous venons d'évoquer sont les plus fréquentes, il existe d'autres localisations possibles :
- la sténose des artères rénales, qui donne une hypertension artérielle ;
- l'atteinte des artères mésentériques qui irriguent les intestins, donnant des douleurs abdominales aiguës ou chroniques (par ischémie intestinale) ;
- l'atteinte des artères sexuelles, qui conduit à une impuissance.

CHAPITRE IV

LES MULTIPLES CAUSES DE LA MALADIE ATHÉROMATEUSE

Il n'y a pas de cause unique à l'athéromatose et les mécanismes qui accélèrent l'évolution de la plaque d'athérome sont encore mal connus. Néanmoins, plusieurs facteurs ont été identifiés comme pouvant contribuer à sa formation et à sa progression. Le terme « facteurs de risque » est utilisé pour les identifier.

Le **cholestérol** est souvent cité dans les médias comme facteur principal de risque, mais c'est loin d'être le seul, car l'athérome est une maladie multifactorielle dont il convient de bien connaître tous les acteurs. En effet, les facteurs de risque récemment découverts sont nombreux et il serait bien réducteur de ne s'intéresser qu'au cholestérol !

On regroupe habituellement les facteurs de risque en deux grandes classes :
- les **facteurs non modifiables** (ils sont invariables quelle que soit la prévention) : l'âge, le sexe et l'hérédité ;

- les **facteurs modifiables** par une prévention ou un traitement : tabagisme, hypercholestérolémie, hypertension artérielle, sédentarité, stress, etc.

Nous mettrons **l'obésité, l'hyperinsulinisme et le diabète** dans une classe à part et leur consacrerons un chapitre particulier.

Ils devraient théoriquement être classés comme des facteurs de risque modifiables. Cependant, contrairement à d'autres facteurs de risque comme le tabagisme et l'hypercholestérolémie, leur prévention et leur traitement ont jusqu'à maintenant largement échoué. Au contraire, les prévalences de l'obésité et du diabète augmentent à un rythme effarant et ils sont les nouveaux fléaux que la cardiologie moderne doit affronter.

LES FACTEURS DE RISQUE NON MODIFIABLES

L'âge

Le rôle du vieillissement dit « normal » est bien difficile à apprécier. Il reste néanmoins que, dans toutes les études épidémiologiques, la fréquence des maladies cardiovasculaires augmente au fil des années.

D'ailleurs, le taux d'hospitalisations pour maladies cardiaques augmente de façon exponentielle avec l'âge et les quatre cinquièmes des infarctus du myocarde mortels surviennent chez des personnes de plus de 65 ans.

Le sexe

En moyenne, le début d'atteinte des troubles cardiaques se manifeste entre 40 et 50 ans chez l'homme, alors qu'il se produit plutôt entre 60 et 70 ans chez la femme, celle-ci étant, notamment, protégée jusqu'à la ménopause par ses sécrétions hormonales. À l'heure actuelle, il n'y a pas d'évidence que la prise d'hormones pourrait assurer une protection contre les maladies cardiaques après la ménopause. Alors que certaines études récentes laissaient croire que les hormones assureraient effectivement un certain bénéfice sur le plan cardiaque, mais aux dépens d'une incidence accrue de cancer, la grande étude randomisée, HERS, a remis en question ce fait, n'ayant démontré aucun bénéfice significatif chez les femmes qui prenaient des hormones. Le sujet n'est cependant pas clos et d'autres études sont en cours.

L'hérédité

Elle est certes importante, mais il est toujours difficile de l'évaluer par rapport aux facteurs d'environnement. D'autant plus qu'intervient l'hérédité des autres facteurs de risque, comme l'obésité ou le diabète.

On sait cependant que le risque de souffrir d'une maladie cardiovasculaire est au moins doublé si le sujet a eu dans ses ascendants une personne atteinte d'une affection coronarienne.

L'avenir nous dira si le typage génétique conduira à l'élaboration de traitements visant des gènes particuliers pour prévenir les maladies cardiaques.

LES FACTEURS DE RISQUE MODIFIABLES

Le tabagisme

Fumer constitue un facteur de risque majeur de survenue et d'aggravation de l'athérosclérose. C'est la principale cause de décès évitable dans les pays industrialisés et, contrairement à la croyance populaire, le tabac cause plus de décès par maladie cardiaque que par cancer.

La nicotine et l'oxyde de carbone sont responsables de l'essentiel des effets secondaires nocifs du tabagisme qui consistent en :

• une diminution instantanée de calibre des artères (vaso-constriction) ;
• une élévation de la tension artérielle sanguine (+ 11 mmHg pendant 30 min après une cigarette) ;
• une accélération du rythme cardiaque (+ 40 %) ;
• une augmentation du débit cardiaque ;
• une action sur les plaquettes sanguines favorisant la formation de caillots ;
• une augmentation du taux sanguin de fibrinogène ;
• une baisse du HDL-cholestérol (« bon » cholestérol) ;
• une augmentation du LDL-cholestérol (« mauvais » cholestérol) ;
• une oxydation des dépôts graisseux artériels (voir « radicaux libres », page 55).

L'étude Framingham a démontré que le risque d'infarctus et de mort subite chez les fumeurs est de 2,7 fois plus important chez les hommes et de 4,7 fois chez les femmes, par rapport aux non-fumeurs. Le risque redevient le même que celui des non-fumeurs après 3 ans de cessation de tabac.

Rappelons que le tabagisme augmente particulièrement le risque d'artérite des membres inférieurs.

Nombre de cigarettes/jour pendant 5 ans	Incidence de l'artérite des membres inférieurs (pour 1000 hommes)
0	60
5	63
15	90
36 et +	140

Il faut aussi savoir que, même chez la jeune femme encore menstruée, un tabagisme associé à la prise de contraceptifs oraux (la pilule) peut entraîner des accidents vasculaires parfois graves.

Les hyperlipémies

« Avoir du cholestérol », ou plus exactement avoir un taux de cholestérol critique, paraît être la hantise de nombreuses personnes et semble résumer trop souvent à leurs yeux l'ensemble des risques cardiovasculaires. C'est néanmoins un des facteurs de risque majeurs et, comme pour la cessation du tabagisme, il a été démontré hors de tout doute que son traitement entraîne une diminution significative du risque de maladie cardiovasculaire.

Le cholestérol

C'est en fait une molécule indispensable à la vie (notre organisme en contient plus de 100 g) qui, notamment, circule dans le sang.

Le cholestérol a plusieurs rôles fondamentaux :
- il assure la fluidité des membranes cellulaires et leur perméabilité, permettant des échanges avec l'extérieur ;
- il se transforme dans les glandes surrénales et les gonades en hormones stéroïdes (œstrogènes, progestérone, testostérone) ;
- il contribue à la fabrication de vitamine D dans la peau ;
- il permet la synthèse des sels biliaires nécessaires à la digestion, dans le foie.

Sur son origine :
- seuls 25 à 30 % du cholestérol de notre organisme proviennent de l'alimentation ;
- les 70 à 75 % restants sont fabriqués par le corps lui-même, dans le foie, puis excrétés dans la bile.

Comme le cholestérol est insoluble dans le sang, il doit, pour circuler, être véhiculé par des « transporteurs » : les lipoprotéines.

Les lipoprotéines LDL *(Low Density Lipoproteins)* font la navette entre le foie et les cellules en fonction des besoins. C'est, en quelque sorte, la « garde descendante », qui a une fâcheuse tendance à perdre en route une partie du chargement de cholestérol qu'elle transporte en le déposant sur les parois artérielles.

Les lipoprotéines HDL *(High Density Lipoproteins)* vont, au contraire, des tissus vers le foie. C'est la « garde montante » et elle a notamment pour fonction de « nettoyer » les parois artérielles de leur cholestérol en excès et de ramener celui-ci au foie pour le recycler.

Il n'y a donc pas vraiment, au sens littéral du terme, un « mauvais » ou un « bon » cholestérol, comme on le laisse entendre habituellement. Il n'y a qu'un seul et même cholestérol qui, en fonction du chemin et du « transporteur » empruntés, soit s'accumulera dans les artères, soit sera au contraire ramassé et retourné au foie.

« Avoir un problème de cholestérol », c'est en réalité avoir un problème quant à son acheminement, notamment quant à son retour. Si la « garde montante » est insuffisante pour nettoyer les dégâts de la « garde descendante », le cholestérol résiduel aura tendance à s'accumuler dans les artères, constituant ainsi un risque cardiovasculaire potentiel.

Néanmoins, et sans doute pour simplifier, on garde l'habitude tenace de distinguer :
• un LDL-cholestérol (ou « mauvais » cholestérol), dont le taux sanguin doit être le plus bas possible ;
• un HDL-cholestérol (ou « bon » cholestérol), dont le taux doit être le plus élevé possible.

Le cholestérol n'est donc pas un abominable monstre gras et visqueux qui, tel un « personnage » de film d'horreur, n'aurait pour seul but que d'agresser nos artères. Il est là aussi pour « faire du bien », et nous avons compris qu'il était même indispensable à notre organisme.

En revanche, son excès peut être dangereux car, si son taux sanguin est trop élevé, il va contribuer à la formation de la plaque d'athérome qui fragilise les artères et diminue leur calibre.

Classification des hyperlipémies

Les hyperlipémies sont classifiées par l'OMS en cinq types. Cette classification est moins utilisée maintenant pour établir les objectifs thérapeutiques, mais nous la présentons néanmoins à titre documentaire.

- le **type I** associe une forte augmentation des triglycérides avec un cholestérol total normal ou modérément augmenté. Ce type est très rare. Le taux élevé de triglycérides (30 à 100 g/l) fait craindre une pancréatite ;
- le **type IIa** associe une augmentation du cholestérol total et du LDL-cholestérol. Le HDL-cholestérol et les triglycérides sont normaux. Cette hyperlipémie est fréquente ;
- le **type IIb** associe une élévation du cholestérol total, du LDL-cholestérol et des triglycérides avec une baisse du HDL-cholestérol. Cette hyperlipémie mixte est la plus fréquente ;
- le **type III** associe une élévation du cholestérol total et des triglycérides (entre 3 à 5 g/l). Une étude plus fine montre une lipoprotéine anormale si l'on fait une électrophorèse des protéines. Cette maladie d'origine génétique est rare ;
- le **type IV** concerne surtout une élévation des triglycérides. Le cholestérol total est normal ou un peu élevé. Cette anomalie est très fréquente, touchant 10 % des hommes et 5 % des femmes.

Mais même si les hyperlipémies restent un facteur de risque coronarien majeur, rappelons avec insistance qu'elles ne sont pas obligatoirement présentes. On a montré que chez un groupe de patients lyonnais hospitalisés pour un problème coronarien, 46,8 % ne présentaient aucune anomalie lipidique. Ces chiffres (différents de ceux des États-Unis, où le taux de sujets exempts d'hyperlipémie et ayant néanmoins un problème coronarien varie de 20 à 40 % selon les études) suggèrent bien que l'athérosclérose est d'origine multifactorielle.

Aussi, quand on explore **la glycémie** et l'insulinémie, on fait souvent des dosages répétés de la glycémie après un repas (cycle glycémique) ou après absorption d'une dose précise de glucose (hyperglycémie provoquée). Cela permet de voir comment, après digestion, se métabolisent les glucides et le temps pendant lequel persistent des taux sanguins élevés de glycémie et d'insuline.

On peut alors s'étonner qu'une démarche identique n'ait pas été adoptée pour le contrôle des lipides, car en 1979, Zilversmi suggérait déjà que l'athérogenèse puisse être un phénomène lié à l'état postprandial (après le repas), expliquant ainsi pourquoi certains patients présentant des bilans lipidiques normaux à jeun sont néanmoins victimes d'infarctus du myocarde survenant après les repas.

Ainsi, l'évaluation de l'hyperlipémie après le repas permettrait peut-être de dépister des sujets à risque d'athérome ou de thrombose, parmi ceux qui ont des valeurs de lipides plasmatiques normales à jeun. Malheureusement, elle reste pour l'instant expérimentale car difficile à standardiser, comme on a pu le faire pour l'hyperglycémie provoquée.

L'hypertension artérielle

Elle est définie par une tension artérielle systolique (maxima) supérieure à 140 mmHg et une tension artérielle diastolique (minima) supérieure à 90 mmHg.

C'est un facteur de risque majeur de maladie coronarienne athéromateuse, d'accident vasculaire cérébral, de maladie du système vasculaire périphérique et d'insuffisance cardiaque. Elle accroît de deux à trois fois le risque cardiovasculaire global.

Et comme pour les dyslipidémies, il ressort clairement des recherches que le traitement de ce facteur de risque permet de réduire de façon significative l'incidence d'accident vasculaire cérébral, d'infarctus du myocarde, de cardiopathie ischémique, de maladie vasculaire, de maladie rénale ainsi que le taux de mortalité global.

Aussi faut-il souligner que l'hypertension artérielle est souvent associée à d'autres facteurs de risque, comme l'obésité, la résistance à l'insuline, l'hyperuricémie et la dyslipidémie. De plus, une perte de poids chez un obèse entraînera souvent une diminution significative de la tension artérielle.

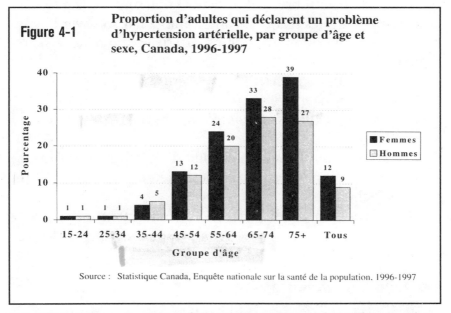

Figure 4-1 Proportion d'adultes qui déclarent un problème d'hypertension artérielle, par groupe d'âge et sexe, Canada, 1996-1997

Source : Statistique Canada, Enquête nationale sur la santé de la population. 1996-1997

Extrait de *Le nouveau visage des maladies cardiovasculaires et des accidents vasculaires cérébraux au Canada,* Fondation des maladies du cœur du Canada, Ottawa, 1999.

Ainsi, c'est 22 % des adultes canadiens (26 % des femmes et 18 % des hommes) qui souffrent d'hypertension artérielle et l'incidence augmente de façon exponentielle avec l'âge. Il faut toutefois noter que ce problème est sous-diagnostiqué de façon importante, à telle enseigne que lors de l'enquête nationale sur la santé de la population (1996-1997), il n'avait été dépisté que chez 13 % de la population. Il est maintenant possible de faire mesurer rapidement et gratuitement sa tension artérielle dans toute bonne pharmacie notamment. Nul ne devrait donc s'en priver, et ce, au moins une fois par année puisque l'incidence augmente avec l'âge. Est-il utile de rappeler que l'hypertension est surnommée le « silent killer » (tueur silencieux) par les Anglo-Saxons.

Les infections

Un certain nombre d'arguments (notamment la présence d'antigènes dans les plaques d'athérome) a fait soulever l'hypothèse que l'apparition de lésions artérielles pourrait être secondaire à :

- des infections bactériennes (*Chlamydiae pneumoniae* ou *Helicobacter pylori*) ;
- des infections virales (*Cytomégalovirus* ou *Herpes virus*).

On ignore pour l'instant s'il s'agit d'un lien causal ou d'une simple association. Ce sujet fait actuellement l'objet de nombreuses recherches.

Ainsi avait-on découvert contre toute attente il y a une quinzaine d'années que l'ulcère gastroduodénal était le plus souvent dû à un germe : l'*Helicobacter pylori*.

Les facteurs inflammatoires

Il en va de la même façon pour les facteurs inflammatoires, comme le fibrinogène connu pour léser les parois vasculaires et donner des troubles de la coagulation, ainsi que pour un marqueur inflammatoire, la protéine C-réactive.

Cette association a été mise en évidence par la Physicians Health Study qui a observé que des taux élevés (supérieurs à 2,11 mg/l) de protéine C-réactive chez des hommes d'âge moyen multipliaient par deux le risque d'accident cardiovasculaire, par trois celui d'avoir un infarctus du myocarde et par quatre le risque d'artérite des membres inférieurs.

Des constats identiques ont été faits chez les femmes ménopausées, chez les fumeurs et chez les sujets ayant un angor stable ou instable.

La sédentarité

La sédentarité est un facteur de risque direct, contrairement à l'activité physique, voire au sport, qui améliore la fonction cardiaque et circulatoire, retardant d'autant le risque de retentissement d'un début d'athérome.

L'activité physique a d'autres avantages :

• elle diminue le taux sanguin du cholestérol total et des triglycérides ;

• elle augmente un peu le HDL-cholestérol (« bon » cholestérol) ;

• elle améliore le métabolisme de l'insuline, prévenant et diminuant l'hyperinsulinisme et l'insulinorésistance ;

• elle peut aider à prévenir la surcharge pondérale et les rechutes pondérales (poids « yo-yo ») après amaigrissement.

Le stress

On peut classer les personnes selon divers types psychologiques. Ceux du groupe « b », qui intériorisent tout et ne font pas d'éclat, somatisent plutôt sur le plan digestif : ils souffrent de côlon spasmodique ou d'ulcère gastroduodénal.

Par contre, ceux du groupe « a », c'est-à-dire les hyperactifs, nerveux, parfois colériques, ambitieux, ayant le sens des responsabilités, sont particulièrement vulnérables aux maladies cardiovasculaires.

Une étude finlandaise a montré aussi que les hommes qui avaient eu les plus fortes réactions à des épreuves de stress en laboratoire, avaient à l'échographie des parois artérielles plus épaissies que celles mesurées chez les sujets moins émotifs.

De plus, le calibre des vaisseaux sanguins et, notamment des artères est soumis à l'influence du système nerveux autonome. Une hypertonie aiguë du système sympathique peut favoriser la survenue brutale d'un spasme artériel (angor spastique), avec fermeture de l'artère et ischémie aiguë.

De façon plus chronique, le vieillissement s'accompagne d'une hyperactivité du système sympathique qui favorise à la longue l'atrophie des cellules musculaires lisses de la paroi artérielle, d'où survenue d'une plus grande rigidité artérielle.

Cela est d'autant plus net lorsqu'il existe :
- une hypertension artérielle (qui survient plus volontiers avec des taux élevés en permanence d'adrénaline et de noradrénaline) ;
- un hyperinsulinisme (facteur d'hyperactivation sympathique).

L'hyperuricémie

L'augmentation sanguine du taux d'acide urique est un facteur de risque coronarien, notamment par l'action irritante des cristaux d'acide urique sur la paroi artérielle qui favorise les premières lésions pariétales où se déposent ensuite les lipides.

Il existe, par ailleurs, une corrélation statistique en hyperuricémie et insulinorésistance.

L'hyperhomocystéinémie

L'homocystéine est un acide aminé qui entre dans la composition des protéines des viandes, de l'œuf et des poissons.

Un taux élevé d'homocystéine (supérieur à 15 micromol/l à jeun) est un facteur de risque de maladies cardiovasculaires à part entière.

Ce risque est à la fois déterminé génétiquement (1 % de la population y serait vulnérable), mais aussi par des facteurs nutritionnels (en particulier des déficits en acide folique ainsi qu'en vitamines B_6, B_9, B_{12}). Paradoxalement, une consommation accrue de protéines a tendance à faire baisser l'homocystéine tandis que la consommation de café a tendance à la faire augmenter (Stolzenberg-Solomon, *Am J Clin Nutr*, 1999).

Il a été montré qu'une homocystéinémie élevée peut multiplier le risque d'infarctus du myocarde jusqu'à 3, 4 fois.

On sait aussi que la mortalité après pontage coronarien est de 3,8 % chez ceux dont l'homocystéinémie est inférieure à 9 micromol/l et de 24,7 % si elle dépasse 15 micromol/l.

Il faut savoir aussi qu'elle augmente de 20 % chez ceux qui fument plus de 15 cigarettes par jour et de 26 % chez ceux qui boivent plus de 9 tasses de café par jour.

On ne connaît pas le mécanisme par lequel l'hyperhomocystéinémie est associée à la maladie cardiovasculaire et, en particulier, on ne sait pas s'il s'agit d'un lien causal ou d'une simple association.

Les anomalies hématologiques

L'augmentation de l'hématocrite (par tabagisme ou par dopage sportif à l'EPO), les troubles de la coagulation (augmentation du facteur VII et/ou du fibrinogène plasmatique) favorisent les maladies cardiovasculaires.

Les radicaux libres

Le fonctionnement de l'organisme implique le bon déroulement de nombreuses réactions chimiques auxquelles participe largement l'indispensable oxygène.

Chimiquement, dans notre corps, les électrons sont organisés en couple, à une exception près : ceux de l'oxygène. C'est la seule molécule qui a des électrons individuels (dits « célibataires »), on les appelle « radicaux libres ». Mais comme tous les célibataires, ils n'ont qu'une idée : s'accoupler. Ils vont donc chercher à se fixer sur l'ADN des chromosomes et sur les lipides des membranes cellulaires. Ces lipides en sont altérés. Les parois cellulaires deviennent alors plus rigides et s'oxydent, un peu comme une plaque de fer est attaquée par la rouille.

Les radicaux libres se forment en abondance sous l'effet :
- du tabagisme ;
- de l'alcoolisme ;
- de l'effort physique intense (sport de haut niveau) ;
- des expositions prolongées au soleil (action des UV) ;
- des radiations ionisantes naturelles ;
- de la pollution ;
- de l'ozone.

La conséquence de cette agression peut être :
- la mort de la cellule (aboutissant à un vieillissement prématuré) ;
- l'apparition de mutations dans son noyau (favorisant la survenue de cancers) ;
- une modification de fonctionnement qui induit des altérations de la paroi des artères ou accélère l'oxydation des lipides circulants qui deviennent alors plus volontiers athérogènes, d'où l'apparition de maladies cardiovasculaires.

Heureusement, notre organisme possède des systèmes de défense constitués de bataillons d'**enzymes antioxydantes**.

Une alimentation bien conçue nous apporte des antioxydants comme le bêta-carotène, les vitamines C et E, le sélénium, le zinc et les polyphénols et en cas de déficit d'apport de ces antioxydants, les maladies cardiovasculaires surviendront plus précocement. Par ailleurs, les dernières études (HOPE, HPS) suggèrent que la prise de ces substances sous forme de supplément ne diminue pas nécessairement le risque de maladie cardiovasculaire.

Les anomalies immunitaires

Certains travaux laissent entendre que, dans la genèse de l'athérome, pourrait exister une perturbation auto-immune : il y aurait sécrétion, par l'organisme même, d'auto-anticorps dirigés contre ses propres parois artérielles.

La prise de certains médicaments

La prise de la **pilule contraceptive** associée au tabagisme est particulièrement dangereuse, bien que très fréquente. Les médecins ne mettent pas assez en garde les jeunes femmes contre l'augmentation du risque d'accident vasculaire aigu, d'autant plus inacceptable qu'il touche des sujets jeunes et peut laisser des séquelles graves (paralysie).

Mortalité liée à la pilule œstroprogestative avec ou sans tabagisme pour 100 000 femmes (Kols)		
	Avant 35 ans	Après 35 ans
Pilule	3	11
Pilule + tabac	12	38

Les erreurs nutritionnelles

Elles sont, bien sûr, au cœur de la démarche préventive qui sera évoquée dans les chapitres suivants.

Les erreurs portent évidemment sur le choix des lipides, mais aussi et surtout sur le choix des glucides. Ces erreurs vont petit à petit favoriser l'athérome, en faisant notamment apparaître (ou en majorant) un facteur de risque (obésité, cholestérol total, LDL-cholestérol, triglycérides, glycémie, hyperinsulinisme…).

Des carences en micronutriments (vitamines, sels minéraux, oligoéléments) favoriseront l'hyperhomocystinémie et l'action nocive des radicaux libres.

L'excès d'alcool ou même de réglisse donnera une hypertension artérielle.

L'ACCUMULATION DES FACTEURS DE RISQUE

Même si un seul facteur de risque a déjà des effets délétères, bien des sujets en associent malheureusement plusieurs.

Ainsi, il est fréquent de trouver chez un homme de 60 ans : une obésité + un diabète + une hypertension artérielle + une hypercholestérolémie + une augmentation du taux des triglycérides + un hyperinsulinisme et une insulinorésistance.

Or le risque de maladies cardiovasculaires augmente forcément avec l'accumulation de divers facteurs de risque.

CHAPITRE V

OBÉSITÉ ET DIABÈTE :
UNE ÉPIDÉMIE INCONTRÔLÉE

U n chapitre de cet ouvrage a été consacré à ces deux états parce qu'ils sont reliés de par leurs causes et qu'ils représentent un cas particulier par rapport aux autres facteurs de risque. Ainsi, contrairement aux problèmes de cholestérol (dyslipidémies) et au tabagisme par exemple, leur incidence augmente à un rythme effarant, à tel point qu'on parle maintenant de véritable épidémie. De plus, le traitement de l'obésité connaît largement un échec (5 % de succès à long terme vs 20-25 % pour le tabagisme), tandis qu'une fois installé, le diabète entraîne une augmentation significative du risque cardiovasculaire qui apparaît dès lors largement irréversible, quel que soit le traitement utilisé.

En 1998, le comité de l'American Heart Association portant sur la nutrition sonnait l'alarme en décrétant que l'obésité devait être considérée comme un facteur de risque majeur pour les maladies cardiovasculaires et faisait un constat d'échec quant à sa prévention et à son traitement.

L'OBÉSITÉ

Définition

L'obésité se définit comme un excès de masse grasse. Le paramètre qu'on utilise aujourd'hui pour établir le degré de corpulence ou d'obésité est l'indice de masse corporelle (IMC, ou BMI en anglais).

Il est obtenu en divisant le poids en kilos (P) par le chiffre de la taille en mètres élevé au carré (T^2) soit IMC = P / T^2.

Si l'indice de masse corporelle est :		
inf. à 18,5	=	maigreur
18,5 à 24,9	=	corpulence normale
25,0 à 29,9	=	surplus de poids
sup. à 29,9	=	obésité
30,0 à 34,9	=	obésité modérée ou commune
35,0 à 39,9	=	obésité sévère
sup. à 39,9	=	obésité massive ou morbide (mettant en jeu le pronostic vital)

Épidémiologie

Selon Statistique Canada, l'incidence d'embonpoint et d'obésité par tranche d'âge en 1996-1997 était comme il est indiqué aux figures 5-1 et 5-2.

Comme on peut le constater, la prévalence est très élevée, particulièrement chez les hommes, et elle augmente de façon importante avec l'âge. Ainsi, on observe déjà de l'embonpoint ou de l'obésité chez 39 % des jeunes hommes de 15 à 24 ans et cette statistique augmente à 68 % chez les 45 à 54 ans. De ce nombre, 42 % sont carrément obèses, c'est-à-dire que leur IMC est supérieur à 30 ! On peut aussi se demander si l'incidence moindre d'obésité après 54 ans et encore moindre après 64 ans (non illustrée) ne serait pas due au fait que les obèses vivent moins longtemps.

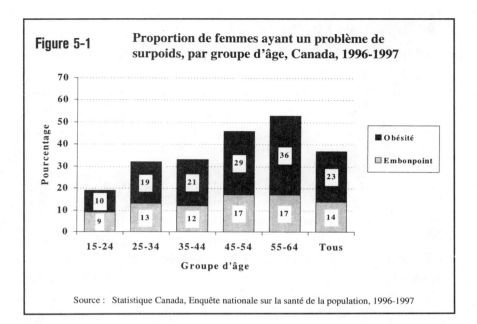

Figure 5-1 — Proportion de femmes ayant un problème de surpoids, par groupe d'âge, Canada, 1996-1997

Source : Statistique Canada, Enquête nationale sur la santé de la population, 1996-1997

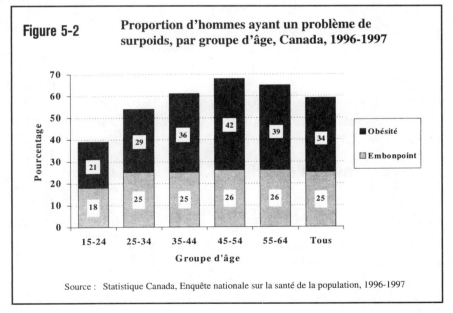

Figure 5-2 — Proportion d'hommes ayant un problème de surpoids, par groupe d'âge, Canada, 1996-1997

Source : Statistique Canada, Enquête nationale sur la santé de la population, 1996-1997

Extrait de *Le nouveau visage des maladies cardiovasculaires et des accidents vasculaires cérébraux au Canada,* Fondation des maladies du cœur du Canada, Ottawa, 1999.

Topographie de l'excès de graisse

Outre l'indice de masse corporelle, la répartition topographique du tissu adipeux est capitale, on distingue :

- l'obésité gynoïde, aussi surnommée **obésité poire**, qui touche surtout le bas du corps : ventre sous le nombril, fesses, cuisses et hanches. Elle favorise la survenue d'arthrose (rachis, hanches, genoux) et d'une insuffisance veineuse, mais n'induit pas de maladies cardiovasculaires ;
- l'obésité androïde, aussi surnommée **obésité pomme**, qui touche le haut du corps : ventre au-dessus du nombril, thorax, cou. Elle est source de complications cardiovasculaires, d'autant plus qu'elle s'accompagne d'insulinorésistance, d'anomalies lipidiques et d'une hypofibrinolyse. En particulier, un tour de taille (mesuré tout simplement avec un centimètre de couturière) de plus de 90 cm traduit l'existence d'une **obésité abdominale profonde** correspondant à des dépôts lipidiques importants dans le péritoine (enveloppe des intestins).

Cette variante d'obésité, souvent méconnue, est très athérogène et donc très pourvoyeuse de maladies cardiovasculaires, qui débutent souvent par un accident aigu inattendu (infarctus du myocarde chez un quadragénaire « apparemment » en bonne santé). Chez les adultes sédentaires, la prévalence de cette obésité à risque est estimée à environ 30 %.

Complications de l'obésité

L'obésité est maintenant reconnue comme un facteur de risque indépendant et très important de maladies cardiovasculaires.

Risque relatif de maladie coronarienne en fonction de l'indice de masse corporelle (IMC)		
IMC	Femmes	Hommes
inf. à 21	1	1
21 à 22,9	1,1	1,3
23 à 24,9	1,2	1,3
25 à 29,0	1,6	1,8
29 et +	2,6	3,4

Rappel : 1,6 signifie que le risque est augmenté de 60 % par rapport à un sujet présentant un IMC de moins de 21, auquel on donne le risque 1. Aux États-Unis, on estime à 300 000 le nombre de décès par année directement reliés à l'obésité.

D'ailleurs, le risque induit augmente d'autant plus que l'excès pondéral aboutit à diverses complications, qui viennent se surajouter comme facteurs de risque : résistance à l'insuline, diabète de type II (diabète gras non insulinodépendant), hypercholestérolémie, hypertriglycéridémie, hyperuricémie, anomalies de la coagulation, hypertension artérielle, etc.

Une forme particulièrement pernicieuse de l'obésité abdominale est celle dite du syndrome métabolique et dont les caractéristiques ont particulièrement été mises en évidence par les travaux de l'Étude cardiovasculaire de Québec, une grande étude épidémiologique dirigée par le Pr Jean-Pierre Després qui a donné lieu à plusieurs publications (Després, 1996 ; 2000 ; Lamarche, 1998). Ce syndrome métabolique est caractérisé par un tour de taille augmenté et il est associé à une série d'anomalies métaboliques qui comprend de l'hyperinsulinémie, de l'hyper-triglycéridémie, une augmentation des apolipoprotéines B, des concentrations de C-HDL abaissées, une proportion accrue de particules LDL petites et denses et de l'hypertension artérielle.

Ce syndrome est insidieux en ce sens qu'il peut échapper au dépistage traditionnel parce que l'obésité est uniquement localisée à l'abdomen et ne perturbe pas de façon impression-nante les mesures pondérales globales. De plus, les individus qui présentent ce syndrome ont souvent une mesure de LDL-cho-lestérol (« mauvais » cholestérol) normale et c'est uniquement le HDL-cholestérol (« bon » cholestérol) qui est abaissé. Toutes choses égales d'ailleurs, le syndrome métabolique augmente au moins du double le risque cardiovasculaire et chez certains sous-groupes, le risque est augmenté de 20 fois !

Le National Cholesterol Education Program : Adult Treat-ment Panel III (américain) propose une méthode simple de dépistage du syndrome métabolique basé sur le nombre de facteurs de risque comme l'illustre le tableau suivant; le syndrome métabolique est diagnostiqué lorsqu'il y a présence d'au moins trois de ces facteurs de risque chez un patient.

Facteurs de risque du syndrome métabolique	
FACTEUR DE RISQUE	SEUIL CRITIQUE
Obésité abdominale	Circonférence de la taille
Hommes	> 102 cm (40 po)
Femmes	> 88 cm (35 po)
Triglycérides	≥ 1,7 mmol/L (150 mg/dL)
C-HDL	
Hommes	< 1,0 mmol/L (40 mg/dL)
Femmes	< 1,3 mmol/L (50 mg/dL)
Tension artérielle	≥ 130 / ≥85 mmHg
Glycémie à jeun	≥ 6,1 mmol/L

Source : bulletin de la Fondation des maladies du cœur du Québec.

Les causes de l'obésité

Les causes précises de l'obésité sont mal connues, mais de plus en plus d'évidences suggèrent une interaction entre une prédisposition génétique plus ou moins marquée et des facteurs environnementaux. Comme nous l'avons vu, le taux d'obésité augmente de façon importante avec l'âge et tout se passe comme si nous avions tous un seuil plus ou moins élevé pour l'obésité, lequel est atteint plus ou moins rapidement selon nos comportements.

Ainsi, certains individus n'auront jamais de problème d'obésité bien que leur alimentation ne soit pas très différente de celle de la population en général alors que pour d'autres, le problème se manifestera dès l'adolescence.

Compte tenu de l'augmentation importante de l'obésité dans tous les groupes d'âge depuis les 40 dernières années, il faut aussi poser l'hypothèse d'une plus grande prédisposition génétique ou celle d'un changement important dans les comportements. Nous favorisons d'emblée cette dernière puisque l'hypothèse génétique pure supposerait des mutations à un rythme accéléré, ce qui serait du jamais vu dans les annales de la médecine.

Parmi les changements de comportement qui sont évoqués comme causes possibles, il y a le niveau d'activité physique, la consommation totale de nourriture, la consommation de graisses et la consommation de sucre.

Il est logique de penser que le niveau d'activité physique peut influer sur le poids et il est clair que la sédentarité joue sûrement un rôle, du moins en augmentant la susceptibilité à l'obésité. Cependant, il est décevant de voir que les programmes basés principalement sur l'exercice ont eu peu de succès dans le traitement de l'obésité et que le taux d'obésité n'a cessé d'augmenter malgré une prise de conscience et un renversement des tendances quant à la sédentarité depuis une dizaine d'années.

Une des principales recommandations des autorités américaines en santé publique depuis les 30 dernières années a été de diminuer la consommation de graisses à un niveau de 30 % de l'apport calorique total afin de prévenir à la fois l'obésité et les dyslipidémies. Et ces efforts ont été couronnés de succès puisque, de 40 à 42 % qu'elle était dans les années 60, la proportion de l'apport calorique provenant des graisses avait diminué à environ 34 % au début des années 90. Cela a eu un impact positif sur le taux de cholestérol de l'Américain moyen, mais le taux d'obésité a néanmoins continué d'augmenter à un rythme aussi rapide. Le comité nutrition de l'American Heart Association attribue cet échec au fait que l'apport calorique total n'a pas diminué pour la peine, auquel cas il faut penser que cette diminution de la consommation des graisses a été compensée par une augmentation de la consommation d'un autre nutriment, vraisemblablement les glucides (sucres).

De fait, le comportement alimentaire qui s'est le plus modifié depuis les dernières décennies est l'augmentation constante de la consommation de glucides raffinés comme le sucre et la farine blanche. Il n'est pas illogique de penser que ce soit ce facteur qui ait probablement le plus contribué à l'augmentation du taux d'obésité durant cette période.

D'autant plus que les glucides qui sont consommés en plus grande abondance sont ceux qui ont un index glycémique élevé, c'est-à-dire qui entraînent des augmentations plus importantes des taux de sucre et d'insuline dans le sang. Or il est bien connu que l'insuline favorise la transformation du sucre en graisse ainsi que son stockage au niveau des muscles, du foie et des cellules graisseuses.

Le fondement même de la méthode Montignac repose sur le concept des index glycémiques. Ce n'est que récemment que la communauté scientifique en a reconnu le bien-fondé (Liu, *Am J Clin Nutr,* 2000 et Thompson, *Mayo Clin Proc,* 2001) et souligné la distinction importante qu'il y a à faire entre cette approche et l'ancienne classification basée sur les sucres simples et complexes. Ce sujet sera traité plus avant.

L'HYPERINSULINISME

Cet état est très fréquent chez l'obèse et trouve sa cause dans l'insulinorésistance, c'est-à-dire que l'insuline devient moins efficace à faire baisser le taux de sucre dans le sang et que des quantités plus importantes d'insuline sont donc nécessaires pour ramener le taux de sucre à un niveau normal.

Il est bien connu que l'insuline favorise le stockage des graisses dans les cellules graisseuses. Cependant, il y a encore beaucoup d'inconnu quant aux mécanismes impliqués dans la genèse de l'obésité. Ainsi, certains soutiennent encore que le lien entre hyperinsulinisme et obésité serait une simple association plutôt qu'une véritable relation de cause à effet.

Quant au diabète de type II, du moins au début, l'hyperinsulinisme est sa caractéristique et il est de plus en plus évident qu'il y a un continuum entre obésité, résistance à l'insuline et diabète de type II.

Les causes de l'hyperinsulinisme et de l'insulinorésistance sont mal connues mais comme pour ses proches cousins, l'obésité et le diabète, il s'agit vraisemblablement d'une interaction entre une prédisposition génétique et des facteurs environnementaux.

Dans ce contexte, il faut se rappeler que durant le XXe siècle, la consommation de sucre par personne a augmenté de façon vertigineuse et se situe actuellement en Amérique du Nord à environ 70 kilos par année. Après l'ingestion de sucre raffiné et autres aliments à index glycémique élevé, le taux de sucre dans le sang augmente rapidement, entraînant une sécrétion importante d'insuline, d'où hyperinsulinisme. Pour une raison qu'on ignore, plus on sécrète d'insuline (hyperinsulinisme) plus on peut devenir résistant à son action (insulinorésistance), comme si la machine s'emballait dans un interminable cercle vicieux.

Une explication possible concerne probablement la façon dont le glucose est emmagasiné dans l'organisme. Ainsi, le rôle de l'insuline est de ramener le taux de sucre le plus vite possible à la normale en le stockant d'abord sous forme de glycogène dans les cellules du foie et des muscles afin qu'il puisse être utilisé ultérieurement lorsque les besoins énergétiques augmentent. Cependant, s'il y a apport trop important de glucose et/ou absence d'activité physique, les stocks en glycogène des cellules hépatiques et musculaires deviennent saturés et l'excédent de glucose doit alors être stocké dans les cellules graisseuses. Or le transit du glucose vers les cellules graisseuses est vraisemblablement un processus plus lent requérant une plus grande quantité d'insuline.

Le fait que la résistance à l'insuline soit partiellement ou totalement réversible, lorsqu'on privilégie une alimentation basée sur des aliments à index glycémique bas (il en sera question plus loin) ou de l'activité physique, va dans le sens de cette hypothèse. De même, on peut facilement penser que la susceptibilité pour l'obésité et la résistance à l'insuline augmentent avec l'âge parce que la masse musculaire diminue et qu'il y a donc moins de sites pour emmagasiner le glucose sous forme de glycogène.

La carence en acides gras oméga-3 a également été mentionnée comme étant une cause possible d'insulinorésistance accrue. Le mécanisme serait une diminution de la perméabilité et de la souplesse des membranes cellulaires causant une entrée plus laborieuse du glucose dans les cellules et donc une augmentation de la quantité d'insuline nécessaire à la normalisation de la glycémie.

Quoi qu'il en soit, il a été clairement démontré que l'hyperinsulinisme (surplus d'insuline) et l'insulinorésistance (résistance à l'insuline) sont associés à un risque très accru de maladies cardiovasculaires, et ce, en l'absence de diabète. Malheureusement, le dosage de l'insuline, bien qu'accessible, n'est que très rarement fait. Il permettrait pourtant de dépister plus précocement ce facteur de risque ainsi que d'évaluer plus étroitement les résultats d'une prévention nutritionnelle. Comme nous le verrons plus loin, quels que soient les mécanismes impliqués, le taux d'insuline est largement influencé par l'alimentation et il peut être abaissé de façon importante par des modifications simples du régime alimentaire. À notre avis, le dosage de l'insuline devrait probablement faire partie intégrante du bilan métabolique au même titre que le bilan lipidique.

LE DIABÈTE

Définition

Selon les critères de l'American Diabetes Association (*Diabetes Care,* janvier 2002), il se définit par :
* une glycémie (taux de sucre dans le sang) à jeun supérieure à 7,0 mmol/l ;
* une glycémie supérieure à 11,1 mmol/l à la deuxième heure d'une hyperglycémie provoquée (soit l'administration aiguë de 75 grammes de glucose).

Classification

La régulation de la glycémie est assurée par l'insuline, hormone sécrétée par le pancréas.

L'insuline permet :
* au glucose d'entrer dans les cellules qui en ont besoin ;
* de stocker une partie du glucose sous forme de glycogène dans le foie et dans les muscles ;
* de transformer en graisse l'excès persistant de glucose, après constitution du glycogène. C'est dire qu'un excès de glucides peut aboutir à la constitution de graisses de réserve.

Une hyperglycémie persistante peut être due à deux mécanismes fort différents :
* **Le diabète de type I**, dit «diabète maigre» ou insulinodépendant, est caractérisé par une destruction des cellules bêta du pancréas, qui sécrètent l'insuline. Ce type de diabète apparaît le plus souvent dans l'enfance, de toute façon toujours avant l'âge de 25 ans, et seulement chez des sujets génétiquement prédisposés. Il n'est pas très fréquent et, en principe, son apparition n'est pas reliée à des facteurs nutritionnels.
* **Le diabète de type II**, dit «diabète gras» ou non insulinodépendant apparaît le plus souvent chez des sujets de

plus de 40 ans et est presque toujours associé à un excès de poids.

Ce type de diabète est causé par une plus grande résistance à l'action de l'insuline (insulinorésistance), laquelle est habituellement secondaire à l'obésité. Les mécanismes qui relient l'obésité et l'insulinorésistance sont mal connus, certaines études suggèrent qu'il y a une diminution de l'efficacité de son action au niveau des muscles, du foie et du tissu graisseux. Quoi qu'il en soit, lorsque l'insulinorésistance devient trop importante, on assistera d'abord à une intolérance au glucose (soit une diminution plus lente du taux de sucre après une hyperglycémie provoquée) qui pourra être suivi par l'apparition d'un diabète franc, correspondant à une glycémie élevée même à jeun.

Selon la gravité, le traitement passe par une diététique particulière, une activité physique accrue puis un traitement médicamenteux par comprimés, les objectifs étant de faire maigrir le patient et de ramener sa glycémie à des valeurs normales.

Parfois, au fil des années, le pancréas peut s'épuiser et la sécrétion d'insuline devenir insuffisante, à tel point que la prescription d'insuline injectable devient indispensable. On est alors parvenu au stade d'un diabète insulinodépendant.

On voit donc que si le diabète se définit par une glycémie trop élevée, celle-ci s'explique par **deux mécanismes très différents** :
- dans le diabète de type I, l'insuline est absente ;
- dans le diabète de type II, l'insuline est sécrétée en excès, mais il y a aussi une résistance à son action, de telle sorte qu'elle devient relativement inefficace. À un stade plus avancé, le pancréas peut cependant s'épuiser et la sécrétion d'insuline devenir insuffisante.

Épidémiologie du diabète

La fréquence du diabète de type II « explose » depuis quelques années. Actuellement, plus de 150 millions de

personnes souffrent de diabète dans le monde, et ce chiffre devrait doubler dans les 25 ans à venir. L'OMS explique cette évolution par :
- des modes alimentaires pervers ;
- l'augmentation de la prévalence de l'obésité ;
- une sédentarité accrue ;
- le vieillissement de la population.

Le diabète touche 12 millions de personnes aux États-Unis (5,5 % de la population). Au Canada, le diabète de type II touche 3 % de la population. La prévalence augmente avec l'âge et elle s'établit à 13 % chez les hommes de plus de 65 ans (chez les Inuits, cette proportion atteint 28 %). De plus, selon certaines études, jusqu'à 50 % des cas de diabète en Amérique du Nord ne seraient pas diagnostiqués, donc pas signalés.

Complications du diabète

Le diabète de type II est de plus en plus considéré comme une véritable catastrophe sur le plan cardiovasculaire. Ainsi, près de 80 % des individus de plus de 50 ans aux prises avec cette pathologie seront victimes d'un événement vasculaire au cours de leur vie. Chez les hommes, le risque de maladie coronarienne athéromateuse est triplé tandis que chez les femmes, il est multiplié par six ! Un diabétique présentant une protéinurie (présence de protéines dans les urines) franche pourra voir sa vie écourtée de 25 ans.

Les diabétiques sont souvent porteurs des mêmes facteurs de risque que les gens atteints de maladie coronarienne (obésité, hypertension, dyslipidémie). Une étude récente a d'ailleurs démontré qu'un diabétique sans antécédent cardiaque est aussi à risque de faire un infarctus que le patient qui en a déjà fait un. On sait aussi que les diabétiques ayant une maladie coronarienne réagissent moins bien à un traitement par angioplastie (dilatation coronarienne), le taux de succès étant beaucoup plus bas.

Pour ces raisons, il est maintenant recommandé de considérer le diabétique sans maladie vasculaire comme étant un individu à haut risque de développer cette maladie et donc de le traiter avec la même énergie quant aux facteurs de risque (bilan lipidique notamment) que l'individu qui en est déjà atteint.

Les normes de traitement de la glycémie sont aussi beaucoup plus rigoureuses qu'auparavant et un traitement préventif plus vigoureux basé sur la diète est maintenant préconisé chez les individus qui sont plus à risque de développer un diabète parce qu'ils présentent un ou plusieurs des facteurs suivants : antécédents familiaux, obésité (IMC ou tour de taille augmenté), intolérance au glucose, mauvaise alimentation particulièrement concernant des glucides.

Une étude récente chez de tels individus à risque a d'ailleurs démontré qu'un changement des habitudes alimentaires accompagné d'une perte de poids diminue le risque de survenue d'un diabète dans les quatre années qui suivent de 23 % (groupe contrôle) à 11 % (groupe traité), soit une diminution de 58 % (Tuomilheto, *N Engl J Med*, 2001).

Causes possibles du diabète

La cause exacte du diabète de type II n'est pas connue, mais comme pour l'obésité, il semble s'agir d'une interaction entre une prédisposition génétique et des facteurs environnementaux.

On l'a vu, il existe une relation très étroite, voire un continuum, entre l'obésité et le diabète de type II. L'incidence des deux maladies augmente au même rythme exponentiel et, hormis le facteur génétique, l'obésité est définitivement le facteur de risque le plus important pour développer un diabète. Et au centre de ce continuum, on retrouve de façon bien évidente l'hyperinsulinisme et la résistance à l'insuline.

Le diabète survient lorsque la résistance à l'insuline est telle que le pancréas ne réussit plus à sécréter l'insuline en quantité suffisante pour maintenir le taux de sucre dans des limites normales et on parle alors d'intolérance au glucose. La survenue de cette insuffisance pancréatique et la rapidité avec laquelle elle apparaît seront fonction de l'interaction entre les facteurs génétiques et les facteurs environnementaux (alimentation, exercice, etc.).

Dans ce contexte, le rôle de l'alimentation moderne et particulièrement des apports en sucres apparaît comme déterminant. Ainsi, de grandes études épidémiologiques récentes (Nurses Health Study, 65 173 femmes, *JAMA* 1997 et Health Professionals Study, 42 759 hommes, *Diabetes Care* 1997)[*] démontrent une nette relation entre une alimentation à index glycémique élevé (c'est-à-dire qui favorise une plus grande sécrétion d'insuline) et la survenue subséquente d'un diabète. Encore une fois, il faut insister sur le fait que c'est la classification basée sur les index glycémiques et non sur la distinction entre sucres simples et complexes ou rapides et lents qui permet de démontrer cette relation.

---

[*] Pour lire des résumés de ces études : www.lipid.org/clin_art/ca-d.php
www.channing.harvard.edu/nhs/index.html

CHAPITRE VI

LA PRÉVENTION NUTRITIONNELLE : ÉCHEC, ERREUR OU DOGMATISME ?

POUR UNE NOUVELLE APPROCHE

Le discours traditionnel quant à la prévention des risques cardiovasculaires repose surtout sur une diminution de l'apport calorique aux dépens des graisses. Ainsi, il est énoncé qu'au plus 30 % de l'apport calorique total devrait provenir des lipides (graisses) alors que 55 % ou plus devrait venir des sucres (glucides) et 15 % des protéines. Vus sous cet angle, ces efforts ont connu un certain succès puisque la consommation de graisses a effectivement diminué et que le niveau de cholestérol des Nord-Américains s'est abaissé de 10 %.

Néanmoins, comme il a été noté et décrié par toutes les autorités, les taux de diabète de type II et d'obésité n'ont cessé d'augmenter et atteignent maintenant des niveaux épidémiques. Or les conséquences de ces deux maladies quant au risque cardiovasculaire sont dévastatrices. En particulier, le diabète, une fois installé, est vraisemblablement le facteur de risque qui a le plus mauvais pronostic.

À la lumière des études récentes mentionnées au chapitre précédent, il fait maintenant peu de doute que l'émergence grandissante de ces deux maladies est largement influencée par notre alimentation moderne. Et au banc des accusés, on retrouve en premier lieu la surconsommation croissante de sucre ou autres aliments contenant des quantités importantes de glucides à index glycémique élevé, c'est-à-dire qui ont comme effet de faire monter davantage le taux de sucre (glycémie) et d'insuline dans le sang. Qui plus est, les aliments de cette nature sont souvent moins rassasiants et ils ont donc tendance à faire augmenter la quantité totale de nourriture qui est ingérée.

Or, autant la recommandation nutritionnelle est rigoureuse au chapitre des graisses, autant elle est timide et évasive quant aux glucides. Ainsi, les différents guides alimentaires suggèrent-ils de privilégier les fruits, les légumes et les céréales entières comme sources de glucides, ce qui est très bien, mais cela demeure plus ou moins un vœu pieux puisque, malgré tout, la consommation de sucre raffiné et autres produits analogues ne cesse d'augmenter.

Qui plus est, comme lu encore très récemment dans un document sur la prévention cardiovasculaire, certains se fondent encore sur l'ancienne distinction entre glucides simples et complexes et recommandent sur cette base une consommation plus grande de glucides complexes, tels le riz et les pâtes alimentaires. Dans les faits, le riz blanc et les pâtes blanches ont un index glycémique élevé et ils contribuent donc à faire augmenter de façon importante les taux de sucre et d'insuline, ce qui est de toute évidence contraire à l'effet recherché !

Qu'il suffise aussi de déambuler dans les allées d'un supermarché pour constater jusqu'à quel point ce discours fallacieux est infiltré dans nos mœurs les plus profondes. Ainsi vous propose-t-on comme aliments santé (sans gras ni cholestérol) des yogourts aux fruits, des céréales industrialisées, etc.

Pourtant, un simple regard sur les étiquettes vous révélera que ces céréales contiennent des quantités importantes de sucre, lequel se fera un plaisir de faire monter votre taux d'insuline! Malheureusement, la plupart des gens ignorent cette supercherie et achètent en toute sincérité ces produits, croyant qu'ils font un geste positif en faveur de leur santé et de celle de leur famille.

La consommation de sucre est aussi omniprésente chez les jeunes. Les aliments de restauration rapide dont ils font une consommation importante en sont un parfait exemple : pommes de terre frites (mauvais glucides, mauvaises graisses), pain à farine très blanche, le tout arrosé copieusement de sodas (souvent servis à volonté) dont le contenu en sucre blanc atteint des quantités astronomiques! Comme «challenge» pancréatique on ne peut trouver mieux.

Récemment, certains fabricants de boissons gazeuses ont aussi fait des ententes financières importantes avec les écoles et les universités afin d'avoir le droit exclusif d'y placer leurs distributrices.

Faut-il alors se demander pourquoi le taux d'obésité chez les jeunes augmente à un rythme aussi effarant? De fait, à certains égards, notre indulgence pour le sucre n'est pas sans rappeler celle que nous avions pour la nicotine voilà 40 ans, époque où l'on retrouvait des distributrices de cigarettes dans les écoles, voire même dans les hôpitaux!

Dans ce contexte, il devient donc difficile de dresser un bilan réaliste de l'approche nutritionnelle traditionnelle. D'une part, la mortalité par maladie cardiaque (et non son incidence) a diminué au cours des 30 dernières années et il est possible que les changements de comportement alimentaire envers les graisses y soient pour quelque chose. D'autres facteurs importants ont vraisemblablement eux aussi contribué à cette diminution du taux de mortalité : amélioration des traitements tant médicaux que chirurgicaux, diminution du tabagisme, dépistage et contrôle de l'hypercholestérolémie, dépistage et contrôle de l'hypertension artérielle.

D'autre part, il est aussi possible et même probable que les effets positifs qu'a pu avoir la diminution des graisses alimentaires aient été en bonne partie contrecarrés par les effets néfastes de la montée vertigineuse de l'obésité et du diabète, dont les causes sont pour une large part reliées à l'alimentation. Le moins qu'on puisse dire, c'est que contrairement au contrôle des autres facteurs de risque modifiables (tabagisme, hypertension, etc.), la prescription nutritionnelle actuelle apparaît à tout le moins imparfaite sinon partiellement erronée.

Devant un tel constat, il est surprenant de voir la réaction rigide de certains intervenants lorsque de nouvelles voies de solution sont proposées. Ainsi, l'agressivité qu'a soulevée dans certains milieux l'introduction de la méthode Montignac au Québec était nettement démesurée, certains allant même jusqu'à traiter son concepteur de fumiste alors que les évidences scientifiques suggéraient au contraire qu'il pouvait y avoir un intérêt à s'y attarder davantage.

Pourtant, l'heure ne devrait plus être à la complaisance et au dogmatisme, mais à la recherche de solutions novatrices pour finalement contrecarrer la progression phénoménale des fléaux que sont l'obésité, le diabète qui, rappelons-le, sont des facteurs de risque majeurs pour la maladie cardiovasculaire.

Pour cela, il faut garder un esprit ouvert et privilégier la recherche de nouvelles pistes de solution tout en étant conscient que les recommandations actuelles ont largement échoué et qu'elles ont même peut-être plus nui qu'aidé.

D'ailleurs, le problème a une telle ampleur que la remise en question devrait être non seulement individuelle mais qu'elle devrait aussi faire partie d'une prise de conscience collective. Ainsi, les effets potentiellement pernicieux du sucre et de ses congénères devraient être mieux documentés et médiatisés. En effet, l'environnement et les recommandations alimentaire actuelles poussent presque à sa surconsommation, alors que ce devrait être l'inverse. Il est d'ailleurs temps de réaliser que plusieurs travaux scientifiques sérieux vont dans ce sens, alors que nous n'en connaissons aucun qui démontre que le sucre peut avoir un quelconque effet bénéfique.

Pour notre part, nous tenterons de donner les meilleures informations dont nous disposons pour vous aider à faire les meilleurs choix alimentaires. Nous vous apporterons des faits récents prouvant que certains choix faciles et accessibles peuvent avoir des effets très intéressants sur le profil lipidique et, par extension, sur la santé cardiovasculaire. Comme vous l'aurez deviné, il s'agit d'une science en devenir; dans ce contexte, nous espérons que les informations que le lecteur aura reçu dans cet ouvrage l'aideront à mieux apprécier la valeur et la portée des nouvelles données qui pourront être portées à son attention, dans l'avenir.

POUR UNE ÉDUCATION NUTRITIONNELLE

L'objectif est d'abord la connaissance, mais aussi et surtout la compréhension des différents paramètres nutritionnels. Ce n'est qu'à partir de là que les choix alimentaires pourront être faits en toute connaissance de cause.

On changera d'autant plus facilement ses habitudes alimentaires que ces nouveaux choix seront motivés et compris. On mettra plus volontiers en pratique ces conseils en sachant pourquoi on adopte ces nouvelles options. L'attitude devant des listes d'aliments autorisés, déconseillés ou interdits sera désormais moins passive.

Un consommateur adulte ne doit plus être pris en charge, assisté, dirigé ou publicitairement conditionné. Il doit devenir responsable et être en mesure d'opérer lui-même ses choix diététiques en fonction du contenu nutritionnel des aliments qu'il connaît.

Quand on décide de pratiquer un sport, il y a obligatoirement un minimum d'apprentissage à faire, de même que, lorsque l'on apprend à conduire, il importe d'acquérir un enseignement élémentaire avant de prendre le volant. Notre corps mérite bien que nous nous accordions quelques minutes d'apprentissage de la nutrition, un domaine qui est pour lui absolument vital.

Mettrions-nous de l'essence ordinaire dans notre véhicule s'il était conçu pour rouler au super sans plomb ? Non ! Car notre voiture fonctionnerait mal et son moteur serait endommagé. Alors, pourquoi ne pas faire preuve du même élémentaire bon sens à l'égard de notre corps ?

Comment pouvons-nous nous insurger contre les défaillances de cette admirable mécanique qu'est notre organisme, si nous en sabotons le fonctionnement par négligence ou par méconnaissance de ses besoins réels ?

Les aliments sont notre « carburant ». De leur choix et de leur qualité dépend en grande partie notre santé. Car, en fin de compte : « Nous sommes ce que nous mangeons ».

Il n'est pas raisonnable d'entreprendre une vie que l'on souhaite la plus longue possible sans connaître les différences fondamentales qui existent entre les divers nutriments que nous consommons quotidiennement, ainsi que leurs effets respectifs sur notre santé.

On entend souvent parler de planification financière de la retraite. C'est bien mais, pensons-y un peu, investir dans sa santé pour bien profiter de sa retraite, c'est primordial.

Les différentes catégories d'aliments

Les aliments sont composés de nutriments. On distingue :
- les **macronutriments**, qui existent généralement en quantité substantielle (plusieurs grammes) dans les aliments. Ce sont les **lipides** (ou graisses), les **glucides** (ou hydrates de carbone ou « sucres » au sens large), les **protéines** (protides), mais aussi les fibres, l'eau et parfois l'alcool ;
- les **micronutriments**, qui sont présents en quantités infimes ou minimes (quelques microgrammes à quelques centaines

de milligrammes). Ce sont les **sels minéraux**, les **oligo-éléments** et les **vitamines**.

Les graisses ou lipides

Ils comprennent :
- les graisses visibles : huiles, beurre, margarine, crème, saindoux ;
- les graisses invisibles qui font partie de certains aliments : œufs, viandes, charcuterie, poissons, fromages, laitages, grains, fruits oléagineux, viennoiseries...

Les sucres ou glucides

Certains aliments qui en contiennent ont un goût sucré (glucose, saccharose, fructose, fruits), d'autres sont surtout à base d'amidon (on les appelle volontiers «féculents» ou «farineux») : légumes secs, céréales et leurs dérivés, pomme de terre.

On les classe aujourd'hui en fonction de leur index glycémique, c'est-à-dire de leur capacité à faire monter de façon plus ou moins importante le taux de sucre (glycémie) dans le sang et non plus en fonction de leur forme chimique (sucres simples vs sucres complexes).

Les protéines

Elles sont faites d'acides aminés et entrent dans la constitution de nombreux aliments :
- du règne animal : viandes, poissons, œufs, laitages, crustacés...
- du règne végétal : céréales, légumes secs, oléagineux...

Les fibres (ou glucides indigestibles)

Elles forment les parois végétales. Certaines sont solubles et d'autres insolubles. On les trouve dans les fruits, les légumes, les céréales brutes, les aliments complets, les légumes secs et les algues.

L'eau

Outre l'eau des boissons, nous en ingérons grâce aux aliments, dont certains en sont riches, comme les fruits et les légumes notamment.

Les sels minéraux et les oligoéléments

Nous verrons au chapitre XVI leurs différentes sources et les apports nutritionnels quotidiens recommandés.

Les vitamines

Ce sont des substances que l'organisme ne sait pas fabriquer, il faut donc les apporter dans l'alimentation. Elles sont aussi le catalyseur («l'étincelle») qui permet le bon déroulement de nombreuses réactions chimiques de l'organisme, qui ne pourraient se dérouler sans elles.

On distingue :
• les vitamines hydrosolubles : ce sont les vitamines B et C. Non stockables dans le corps, elles doivent bénéficier d'un apport quotidien correct ;
• les vitamines liposolubles : ce sont les vitamines A, D, E et K. Elles sont solubles dans les graisses et se stockent dans l'organisme.

Les apports conseillés, pour un adulte sédentaire, sont variables selon le sexe et le mode de vie (tabac, pilule anticonceptionnelle, consommation de boissons alcoolisées, grossesse). Une discussion détaillée en est faite au chapitre XVI.

À partir de cette description schématique des nutriments, il convient d'entreprendre leur étude détaillée de manière à être capable de les choisir judicieusement, et notamment dans une perspective de prévention nutritionnelle des maladies cardiovasculaires en général.

Pour pouvoir choisir à bon escient, par exemple, les lipides que nous pourrons être amenés à consommer, encore faut-il connaître leur classement et surtout leurs effets sur l'organisme en général et sur l'appareil cardiovasculaire en particulier.

CHAPITRE VII

L'ENNEMI CACHÉ : LES SUCRES

On a souvent tendance à penser que seul le choix des graisses est essentiel dans le problème des maladies cardiovasculaires et notamment de l'athérome, puisque ce sont, dans ce cas précis, des graisses qui se déposent sur la paroi des artères.

Nous verrons au contraire que certains sucres ou glucides peuvent se transformer en mauvaises graisses (saturées) et se stocker dans l'organisme, sous l'influence de l'insuline. Le tout dépend de quelle façon ils sont absorbés et de la quantité consommée.

D'ailleurs, les glucides ont sûrement été le chapitre le plus négligé dans les recommandations nutritionnelles des organismes officiels. À telle enseigne que la prestigieuse American Heart Association recommande toujours une proportion de glucides dans l'alimentation égale ou supérieure à 55 %. Timidement, elle recommande aussi de privilégier fruits, légumes et céréales, mais sans aucune mention des effets néfastes potentiels du sucre raffiné. Nutrition Canada, pour sa part, a bien failli omettre la mention du sucre dans le nouvel étiquetage des produits alimentaires, certains prétextant que le seul effet néfaste qui leur était connu était la carie dentaire! Heureusement que certains experts sont intervenus pour que la mention des sucres soit conservée.

En effet, le choix des sucres influe énormément sur l'importance de la sécrétion d'insuline. Or, comme nous l'avons vu, l'hyperinsulinisme et l'insulinorésistance sont d'importants facteurs de risque pour les maladies cardiaques. Malheureusement, bien qu'ils aient vraisemblablement autant d'importance que les problèmes de lipides dans la genèse des maladies cardiaques, ils sont probablement aussi les facteurs de risque les plus négligés, les moins mesurés et les moins traités.

La bonne connaissance des glucides et leur choix judicieux sont donc essentiels en prévention cardiovasculaire.

CLASSIFICATION DES SUCRES OU GLUCIDES

Longtemps appelés « hydrates de carbone », ils sont maintenant le plus souvent désignés par le terme **glucides**.

Ce qui pourra aussi surprendre le profane à la lecture de ce chapitre, c'est que les glucides vont bien au-delà de l'idée qu'on a pu se faire des sucres et incluent notamment des aliments comme la farine blanche et les pommes de terre, dont le pouvoir sucrant en termes de montée du taux de sucre dans le sang est tout aussi important que celui du sucre de table!

En fonction de leur formule chimique, les glucides peuvent être classés en :
* **Glucides à une seule molécule**:
    – le glucose (miel, fruits) ;
    – le fructose (fruits) ;
    – le galactose (lait).
* **Glucides à deux molécules**:
    – le saccharose (glucose + fructose), c'est le sucre de canne ou de betterave ;
    – le lactose (glucose + galactose), c'est le sucre du lait ;

– le maltose (glucose + glucose), qu'on trouve dans le malt (bière, maïs).
- **Glucides complexes, formés de centaines de molécules de glucose :** c'est l'amidon des «féculents» : céréales, graines, tubercules (pommes de terre, ignames), des racines (rutabaga) et des légumineuses.

En fonction de cette structure chimique, on a pendant longtemps distingué deux types de glucides : **les «sucres rapides» et les «sucres lents»,** pensant que le taux d'absorption des glucides était lié à la complexité de leur molécule.

Les «sucres simples» (glucides à 1 ou 2 molécules), qui nécessitent *a priori* peu d'intervention des enzymes pour être digérés, étaient considérés comme plus «rapidement absorbés» au niveau de l'intestin grêle. On les avait baptisés «sucres rapides».

Les «sucres complexes», formés d'une longue chaîne de centaines de molécules de glucose constituant l'amidon, nécessitaient, croyait-on, une longue action enzymatique pour séparer les molécules de glucose, avant qu'elles ne subissent l'absorption intestinale. On les avait donc nommés «sucres lents».

Or cette distinction était fausse !

On a démontré depuis, que la réalité était plus complexe et que l'effet d'un glucide sur le taux de sucre (glycémie) n'était pas nécessairement relié à la complexité de sa molécule, mais à une interaction de plusieurs facteurs allant de son taux d'absorption, lui-même relié à la façon dont il est ingéré (exemple : farine de blé entier vs farine blanche), à son traitement par le foie (exemple : fructose vs glucose).

Cette perception est d'ailleurs maintenant soutenue par des groupes prestigieux, notamment le département d'épidémiologie et de nutrition de la Harvard School of Public Health (Liu, *Am J Clin Nutr*, 2000) :

« Our findings cast doubt on the usefulness of the simple versus complex classification of carbohydrates. A better measure would be the glycemic index of carbohydrates which, in the present study, was more closely related with coronary heart disease risk...

Metabolic data indicate that starchy foods, such as white rice and potatoes, are digested and absorbed quickly. Thus, even though these foods are considered to be desirable complex carbohydrates, they each have a high glycemic index and can induce high blood glucose responses. »

Traduction libre : « Nos résultats sèment le doute quant à l'utilité de la classification basée sur la distinction entre sucres rapides et complexes. Un meilleur paramètre serait l'index glycémique qui, dans la présente étude, était plus étroitement relié au risque de maladie coronarienne...

Les données métaboliques indiquent que les aliments à base d'amidon, tel le riz blanc et les pommes de terre sont digérés et absorbés rapidement. Donc, bien que ces aliments soient considérés comme des glucides complexes désirables, ils ont chacun un index glycémique élevé et peuvent induire une élévation importante du taux de sucre dans le sang. »

Malgré cet énoncé pourtant clair et provenant d'autorités mondialement reconnues, le document intitulé *Affiche ton cœur* publié le 9 février 2002 par la Fondation des maladies du cœur du Québec et largement distribué par la voie des grands journaux du Québec contenait l'énoncé suivant en page 2 : « L'alimentation idéale devrait contenir plus de fruits et légumes, plus de **glucides complexes** (pâtes alimentaires et riz)... » Cet exemple n'est pas donné pour lancer la pierre à cet organisme qui fait bien son possible dans la lutte contre les maladies cardiovasculaires mais bien pour démontrer jusqu'à quel point il y a lieu de revoir les recommandations nutritionnelles qui sont faites au grand public.

L'important est de savoir que, **à quantité égale de glucides ingérés, le taux de sucre ou glycémie sera d'importance très variable selon la nature de l'aliment glucidique consommé.**

Ainsi, pour 1 g/l, l'ingestion :
* de saccharose (sucre blanc) donne une glycémie maximale à 1,60 g/l;
* de pâtes donne une glycémie maximale à 1,40 g/l;
* de fructose donne une glycémie maximale à 1,20 g/l.

On entend par glycémie le taux de glucose dans le sang (on dit abusivement aussi : le taux de «sucre» dans le sang).

La glycémie à jeun est habituellement de 1 g/l (ou de 5,57 mmol/l).

COMMENT ÉVOLUE LA GLYCÉMIE APRÈS UN REPAS?

Dans un premier temps, elle augmente plus ou moins rapidement (c'est la phase d'hyperglycémie), selon la nature des glucides consommés, jusqu'à atteindre une valeur maximale appelée le «pic glycémique» ou glycémie maximale.

Le pancréas va alors sécréter une hormone (l'insuline), dont le rôle est de faire passer le glucose du sang vers les cellules qui en ont besoin. C'est ainsi que, sous l'action de l'insuline, la glycémie va baisser.

Dans un troisième temps, la glycémie revient (chez le sujet sain) progressivement à son taux normal (de 1 g/l).

L'importance de ce «pic glycémique» va nous intéresser tout particulièrement. Il permet, en effet, d'apprécier le pouvoir hyperglycémiant d'un aliment contenant un glucide qui définit **l'index glycémique**, un concept mis au point par Jenkins au Canada dans les années 1970.

Cet index correspond en fait à la surface du triangle de la courbe d'hyperglycémie induite par l'aliment glucidique testé. On donne arbitrairement l'index 100 au glucose (molécule chimiquement pure et donc invariable), et celui des autres aliments glucidiques est calculé selon la formule suivante :

$$\frac{\text{surface du triangle de l'aliment glucidique testé}}{\text{surface du triangle du glucose}} \times 100$$

L'index glycémique sera donc d'autant plus élevé que l'hyperglycémie (forte valeur du «pic glycémique») induite par l'aliment glucidique testé aura été plus importante.

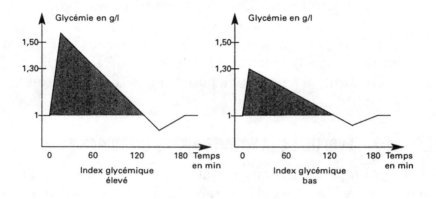

La seule classification valable des glucides est aujourd'hui
celle faite grâce à ces index glycémiques calculés par de nombreux auteurs (Jenkins, Brand-Miller, Bornet, Slama...) à partir de glycémies mesurées chez des sujets volontaires après
l'ingestion de l'aliment testé contenant 50 g de sucre (voir les
tableaux p. 91 et 92).

Les index glycémiques ont grandement amélioré nos connaissances quant au traitement des glucides par l'organisme.
Cependant, ils ont des limitations importantes. Ainsi, en volume, il faut manger une quantité importante de carottes
cuites (environ 800 g) pour obtenir les 50 g de glucides sur
lesquels est basé leur index glycémique de 85, alors qu'il suffit
d'ingérer 50 g de sucre blanc pour obtenir les 50 g sur lesquels
est basé son index glycémique de 70. Le tableau suivant illustre
le concept en donnant la quantité de glucides contenus dans
100 g de l'aliment.

De plus, si la quantité de sucre ingérée est de 100 g plutôt
que 50 g (comme ce peut être souvent le cas pour le sucre
blanc), cela n'est pas non plus reflété par l'index glycémique.

TABLEAU DES GLUCIDES À INDEX GLYCÉMIQUES ÉLEVÉS
> 50

Bière (maltose)	110	Boisson gazeuse	70
		Maïs	
Glucose	100	Riz blanc glutineux	
		Raviolis, macaronis	
Pomme de terre cuite au four	95	Navet	
Pomme de terre frite		Fécule de maïs	
Pâte à la farine de riz blanc		Nouilles asiatiques	
Galette de riz blanc soufflé		Croissant	
Panais		Gnocchis	
		Millet	
Purée de pomme de terre	90		
Riz instantané		Pomme de terre cuite à l'eau	65
Croustilles		dans sa peau	
		Raisins secs	
Miel	85	Betteraves	
Pain blanc (type hamburger)		Confiture classique 50 % sucre	
Carotte cuite		Pain de farine de blé entier et	
Flocon de maïs		de farine blanche rajoutée	
Maïs soufflé		Semoule raffinée (couscous)	
Riz soufflé		Melon	
		Banane	
Tapioca	80	Jus d'orange industriel	
Craquelins (biscuits soda)		Ananas	
Fèves cuites (gourganes)		Fruits en conserve dans	
Pain d'épices		du sirop	
		Arrow-root	
Citrouille	75		
Melon d'eau		Riz blanc à grains longs cuit	60
Pain baguette		en 15 minutes	
Rutabaga		Papaye	
Weetabix		Barre de céréales	
Sucre de canne ou de betterave	70	Biscuit sec (type Petit Beurre)	55
(saccharose)		Biscuit sablé	
Pain de campagne (farine blanche)		Pâtes blanches bien cuites	
Céréales sucrées		Muesli non grillé	
Tablettes de chocolat (type Mars)			
Pomme de terre bouillie			
(sans la peau)			

TABLEAU DES GLUCIDES À INDEX GLYCÉMIQUES
BAS < 50

Flocons d'avoine	50		Carotte crue	30
Pain complet			Lait	
Pain au son			Haricots secs	
Riz brun complet			Lentilles brunes, jaunes	
Riz riche en amylose (basmati)			Pois chiches	
Petits pois en conserve			Pêche	
Patate douce			Pommes	
Pâtes complètes			All bran (céréales)	
Farine de sarrasin			Lait chocolaté non sucré	
Kiwi				
Sorbet			Tartine aux fruits sans	22
			sucre ajouté	
Spaghettis al dente	45		Lentilles vertes	
Boulghour entier			Pois cassés	
Muesli grillé			Chocolat noir 70 % cacao	
Grains de blé dur entier précuit			Cerise	
Pois frais	40		Prune	
Céréales complètes sans sucre ajouté			Pamplemousse	
Flocons d'avoine entier (gruau)				
Haricots rouges			Fructose	20
Jus d'orange frais sans sucre				
Jus de pomme nature			Soja	15
Pain pumpernickel			Arachides	
Pain de seigle complet			Abricots frais	
Pain intégral			Noix et graines	
Pâtes complètes « al dente »			Yogourt sans gras, sans sucre	
Raisin				
			Autres légumes verts	10
Figue, orange, poire	35		Salades	
Crème glacée aux alginates			Champignons	
Abricot sec			Tomate	
Riz sauvage			Poivron	
Quinoa			Aubergine	
Pois secs			Courgette, chou, oignon	
Vermicelles asiatiques (haricot mungo)			Brocoli, ail	

CONCENTRATION MOYENNE EN GLUCIDE PUR POUR 100 G D'ALIMENT GLUCIDIQUE ET INDEX GLYCÉMIQUE		
	Glucide pur	Index glycémique
Bière (maltose)	5 g	110
Pomme de terre cuite au four	25 g	95
Pomme de terre frite	33 g	95
Riz soufflé	85 g	85
Purée de pommes de terre	14 g	90
Riz instantané	24 g	90
Galette de riz blanc soufflé	24 g	95
Miel	80 g	85
Carottes cuites	6 g	85
Flocons de maïs	85 g	85
Maïs soufflé (sans sucre)	63 g	85
Pain blanc	58 g	85
Croustilles	49 g	90
Fèves cuites	7 g	80
Tapioca	94 g	80
Craquelins	60 g	80
Potiron, citrouille	7 g	75
Pain (baguette)	55 g	75
Melon d'eau	7 g	75
Pain de campagne	53 g	70
Céréales sucrées	80 g	70
Tablette de chocolat	60 g	70
Pommes de terre bouillies (pelées)	20 g	70
Sucre (saccharose)	100 g	70
Navet	3 g	70
Fécule de maïs	88 g	70
Maïs	22 g	70
Riz glutineux	24 g	70
Boissons gazeuses	11 g	70
Macaronis, raviolis	23 g	70
Pommes de terre bouillies (avec la peau)	14 g	65
Couscous raffiné	25 g	65
Confiture sucrée	70 g	65
Melon	6 g	65
Banane	20 g	65
Jus d'orange industriel	11 g	65
Raisins secs	66 g	65
Riz à grains longs blanc	23 g	60
Biscuit sablé	68 g	55
Biscuit sec (type Petit Beurre)	75 g	55
Pâtes blanches cuisson normale	23 g	55
Pain complet	47 g	50
Farine de sarrasin	65 g	50
Crêpe au sarrasin	25 g	50
Patate douce	20 g	50
Kiwi	12 g	50
Riz basmati	23 g	50
Riz brun	23 g	50

CONCENTRATION MOYENNE EN GLUCIDE PUR POUR 100 G D'ALIMENT GLUCIDIQUE ET INDEX GLYCÉMIQUE *(suite)*	Glucide pur	Index glycémique
Sorbet	30 g	50
Pâtes complètes	19 g	50
Pain au son	40 g	50
Boulghour entier	25 g	45
Spaghettis *al dente*	25 g	45
Pain noir pumpernickel	45 g	40
Pois frais	10 g	40
Raisins	16 g	40
Jus d'orange frais	10 g	40
Jus de pomme nature	17 g	40
Pain de seigle complet	49 g	40
Pâtes intégrales	17 g	40
Haricots rouges	11 g	40
Pain intégral	45 g	40
Crème glacée (aux alginates)	25 g	35
Vermicelles asiatiques (haricot mungo)	15 g	35
Quinoa	18 g	35
Pois secs (cassés)	18 g	35
Yogourt entier	4,5 g	35
Yogourt maigre	5,3 g	35
Orange	9 g	35
Poire, figue	12 g	35
Abricots secs	63 g	35
Lait 2 %	5 g	30
Carottes crues	7 g	30
Céréales de type All Bran	46 g	30
Pêche	9 g	30
Pomme	12 g	30
Haricots secs	17 g	30
Haricots verts	3 g	30
Lentilles brunes	17 g	30
Pois chiches	22 g	30
Tartinade de fruits sans sucre ajouté	37 g	22
Chocolat noir + 70 % de cacao	32 g	22
Lentilles vertes	17 g	22
Pois cassés	22 g	22
Cerise	17 g	22
Prune, pamplemousse	10 g	22
Fructose	100 g	20
Soja (cuit)	15 g	15
Arachides	9 g	15
Abricots frais	10 g	15
Noix	5 g	15
Oignons	5 g	10
Ail	28 g	10
Légumes verts, salades, champignons, tomates, aubergines, poivron, chou, brocolis, etc.	3 à 5 g	10

Cependant, la quantité d'insuline qui aura été nécessaire pour maintenir cette courbe glycémique dans les limites normales aura vraisemblablement été près du double. Dans ce contexte, il faut se souvenir que c'est en fin de compte l'élévation du taux d'insuline et non du taux de sucre qui est néfaste du point de vue cardiovasculaire.

Ainsi, l'idéal serait de connaître la charge insulinémique pour une portion type de chacun des aliments. Cette information n'est évidemment pas disponible puisqu'il est même parfois difficile de connaître l'index glycémique de certains aliments, l'information à ce sujet demeurant encore limitée.

De façon pratique, les index glycémiques n'en demeurent pas moins très utiles pour guider nos choix alimentaires. Ainsi, comme la recherche de l'Université Laval l'a démontré (voir chapitre IX), le fait d'avoir une alimentation à index glycémique bas entraîne effectivement une diminution marquée de la production d'insuline ainsi qu'une amélioration notable du profil métabolique.

Néanmoins, il est parfois utile de se souvenir que l'index glycémique n'a pas été établi en fonction d'une portion standard. Ainsi, le chocolat et les lentilles ont le même index glycémique de 22, mais les lentilles contiennent la moitié du glucide pur par rapport au chocolat (voir tableau plus haut). La plupart des gens reconnaîtront d'instinct que le chocolat ne doit pas être consommé en quantité aussi importante que les lentilles et ils en mangeront donc en quantité raisonnable. Mieux vaut néanmoins rappeler cette notion au cas où certains voudraient utiliser le concept des index glycémiques comme prétexte à une consommation démesurée d'aliments à concentration élevée en glucide comme le chocolat.

LES MAUVAIS GLUCIDES PEUVENT INDIRECTEMENT FAVORISER LES RISQUES CARDIOVASCULAIRES

Les glucides constituent un nutriment énergétique :
- soit le glucose sanguin est **utilisé immédiatement** comme « carburant » par les cellules et organes qui en ont besoin (cerveau, globules rouges, reins, muscles) ;
- soit le glucose est **transitoirement stocké** en réserve énergétique (vite disponible) dans le glycogène des muscles et du foie (1 g de glucides apporte 4 kcal) ;
- soit (et c'est souvent le cas lorsque les glucides ont un index glycémique élevé ou sont consommés en excès) le tout ou une partie de ce glucose est **transformé en graisse**. Ce stockage constitue alors un immense « réservoir énergétique » qui prendra (si nécessaire) le relais lorsque le glycogène trop sollicité sera épuisé.

Ainsi, plus le glucide consommé a un index glycémique élevé, plus son ingestion fait sécréter d'insuline, et plus il induit un hyperinsulinisme. Cet hyperinsulinisme peut finir à la longue par « détraquer » le pancréas et induire l'apparition d'un diabète. Il a été montré que ce risque est accru de 47 % chez des femmes de 40 à 65 ans consommant des aliments à index glycémique élevé par rapport à d'autres consommant des glucides à index glycémique plus bas. Par contre, manger régulièrement au petit déjeuner des céréales complètes (index glycémique bas) diminuait le risque de diabète de 28 %.

Précisons, par ailleurs, qu'un état d'insulinorésistance et d'hyperinsulinémie est associé :
- aux maladies cardiovasculaires ;
- à un stockage anormal en réserve pondérale des acides gras circulant dans le sang (lipogénèse) ;
- à une transformation du glucose excédentaire en graisses saturées, qui vont être stockées, entraînant une prise de poids ;
- à une lipolyse toxique pour le foie et le pancréas.

D'autre part, Frost a montré que les glucides à index gly-cémique élevé, et notamment le sucre, favorisent la baisse du HDL-cholestérol («bon» cholestérol).

Inversement, la Nurse Health Study (Liu, Am J Clin Nutr, 2000) a observé chez 75 521 femmes une relation directe entre les index glycémiques et le risque de maladie coronarienne. En effet, le risque de contracter la maladie chez ces femmes variait du simple au double selon que l'alimentation était basse ou élevée concernant l'index glycémique.

Les auteurs de cette étude concluaient d'ailleurs qu'une alimentation à index glycémique élevé pouvait donc doréna-vant être considérée comme un facteur de risque indépendant de la maladie coronarienne.

Nous verrons dans le chapitre suivant ainsi qu'à l'annexe comment le concept des index glycémiques peut être mis à profit tant pour perdre du poids que pour améliorer son profil métabolique et ainsi diminuer le risque de maladie cardio-vasculaire.

CHAPITRE VIII

LA MÉTHODE MONTIGNAC : UNE SOLUTION QUI DONNE DES RÉSULTATS

Beaucoup de régimes amaigrissants sont basés en tout ou en partie sur l'hypothèse que l'insuline joue un rôle important dans la genèse de l'obésité. C'est le cas notamment des régimes suivants : Atkins, The Zone, Sugarbusters, Suzanne Sommers, Protein Power, Carbohydrate Addict's. Bien évidemment la solution proposée est alors une diminution de l'ingestion des glucides (aussi appelés sucres ou hydrates de carbone).

Cependant, il s'agit le plus souvent de mesures extrêmes conduisant à une substitution des glucides soit par une quantité anormale de graisses soit par des restrictions importantes. Néanmoins, ces méthodes ont eu un certain succès, mais la perte de poids est le plus souvent de courte durée puisque la restriction ou les choix alimentaires qu'elles proposent sont difficiles à appliquer et deviennent insoutenables à long terme.

La méthode Montignac se distingue des autres par l'utilisation du concept des index glycémiques qui permet de faire un choix judicieux des hydrates de carbone plutôt qu'une restriction tous azimuts. En effet, la méthode Montignac a été une des premières (1986) à proposer l'application pratique de ce concept et sûrement celle qui l'a davantage popularisé.

Ce qui fascine de prime abord dans la méthode Montignac, c'est qu'elle soit basée sur des choix qualitatifs plutôt que des restrictions quantitatives. De fait, il n'y a jamais de calcul quantitatif. D'ailleurs, c'est ce qui a rendu bien des gens sceptiques à son égard, en particulier certains professionnels de la nutrition qui affirmaient qu'il était impossible de maigrir sans se restreindre. Pourtant, bien des gens affirmaient durant ce temps avoir réussi à maigrir sans se priver et sans avoir faim.

Nous verrons qu'il y a une explication scientifique à cette apparente contradiction. De fait, l'étude menée à l'Université Laval et dont il est question au chapitre suivant a permis de démontrer que la méthode Montignac a trois grands avantages par rapport aux régimes traditionnels :

1) Une conservation et même une augmentation du plaisir de manger sans augmentation de l'appétit ou diminution de la satiété ;

2) Une diminution spontanée et inconsciente de l'apport calorique entraînant une atteinte du poids idéal sans avoir la sensation de se restreindre ;

3) Une amélioration remarquable et insoupçonnée du profil métabolique.

À ce dernier chapitre, il faut mentionner que la méthode Montignac a d'abord été conçue pour perdre du poids et non pour prévenir les maladies cardiovasculaires. À telle enseigne que certains ont voulu l'assimiler à d'autres régimes comme le Atkins et ont prétendu qu'elle pourrait même avoir des effets néfastes au point de vue cardiovasculaire. Or, il n'en est rien et les résultats de nos recherches vont fortement à l'encontre de ces prétentions. Qui plus est, les recommandations faites dans ce livre viennent bonifier la version originale en y ajoutant en particulier des recommandations spécifiques sur le choix des graisses. Force est aussi de constater qu'il reste encore beaucoup à apprendre en nutrition. Toute approche valable ne doit donc pas être considérée comme étant un processus statique mais plutôt évolutif.

LES GRANDS PRINCIPES :

- la méthode Montignac met l'accent sur l'aspect QUALITATIF de l'alimentation, considérant que, contrairement à ce que l'on a cru, le QUANTITATIF est secondaire. Ce qui importe en réalité, c'est la nature de l'aliment exprimée en termes de potentiel métabolique. Il s'agit de savoir comment l'aliment en question va se comporter sur le plan de la physiologie digestive, et notamment :
  - dans quelles proportions ses nutriments seront absorbés et se retrouveront dans le flux sanguin après avoir traversé la barrière intestinale ;
  - quelles sécrétions hormonales seront stimulées et dans quelles proportions, et en fonction de ces dernières, quelles autres réactions métaboliques pourront éventuellement apparaître et quelles seront leurs conséquences ;
- pour prévenir la prise de poids (et même maigrir), il convient de choisir judicieusement les glucides en privilégiant ceux qui ont un index glycémique bas (inférieur à 50, voir le tableau de la page 91), afin de limiter l'augmentation de la glycémie et la réponse insulinique correspondante ;
- il faut également choisir de façon précise les lipides (graisses) en fonction de la nature de leurs acides gras, à la fois pour favoriser l'amaigrissement mais aussi pour réaliser une prévention cardiovasculaire efficace (voir chapitre XI) ; de plus, pour un amaigrissement plus efficace, lorsqu'il y a

ingestion de lipides, l'index glycémique des aliments consommés concomitamment ne devrait pas dépasser 20 alors qu'à l'inverse, on ne doit pas consommer de lipides de façon significative si l'on mange des glucides avec un index glycémique supérieur à 20 ;

- l'alimentation doit par ailleurs être riche en fibres (qui augmentent la satiété et modulent l'absorption intestinale des glucides et des lipides) (voir chapitre XIV) ;
- nous le verrons aux chapitres XII et XIII, l'apport d'aliments riches en protéines n'est pas limité mais doit toujours accompagner des bons glucides et des bons lipides ; il ne doit pas être prétexte à manger des aliments riches en graisses animales et/ou en acides gras saturés ;
- il faut privilégier les aliments riches en micronutriments pour éviter tout déficit enzymatique, qui pourrait perturber le métabolisme, gêner la perte de poids, fatiguer le sujet ou empêcher une lutte efficace contre les radicaux libres (voir chapitre XVI).

L'application de ces principes conduit à modifier ses habitudes alimentaires d'une façon radicale et durable. Il ne s'agit pas, une fois la perte pondérale acquise, de revenir à ses anciennes (mauvaises) habitudes alimentaires. Sinon, les mêmes causes produisant les mêmes effets, les kilos reviendraient progressivement. Or l'essentiel dans la perte de poids est d'être capable de maintenir le nouveau poids.

La stabilisation pondérale est en réalité l'objectif final. C'est pourquoi la perte de poids doit se concevoir avant tout dans une perspective à long terme.

Pour un suivi optimal de la méthode Montignac, il importe de bien comprendre les grands principes qui président au choix des aliments en fonction de la connaissance de leurs caractéristiques individuelles :

- il faut toujours chercher à concilier diététique et gastronomie ;
- manger doit rester un acte social empreint de convivialité.

LA PRATIQUE

À titre d'exemple suivent des menus correspondant à la méthode Montignac. L'annexe proposera un guide personnel plus détaillé correspondant à la réalité quotidienne en Amérique du Nord.

Petit déjeuner

- fruits, jus de fruits frais
- céréales complètes non sucrées brutes ou avec des fruits secs (muesli) et/ou pain intégral ou 100 % de blé entier sans gras ni sucre ajouté
- confiture de fruits sans sucre ajouté
- lait écrémé et/ou yogourt et/ou fromage cottage à 1 % ou moins de matières grasses
- thé ou café (plutôt décaféiné, car chez certains la caféine peut augmenter l'hyperinsulinisme)

Principaux repas

ENTRÉES :
- crudités : carottes, tomates, concombre
- poissons : saumon fumé, sardines (très bonne source d'oméga-3), thon, etc.
- jambon de Paris dégraissé, roulé de dinde ou de poulet
- coquillages, crustacés
- avocat

PLATS PRINCIPAUX :
- poissons de préférence gras (3 à 4 fois/semaine) : saumon (si possible sauvage), thon, maquereau, sardine, hareng, etc.
- volailles (sans peau) : dinde, pintade, poulet
- lapin
- viandes peu grasses
- œufs

ACCOMPAGNEMENTS À INDEX GLYCÉMIQUE BAS :
- légumes : courgettes, aubergines, tomates, haricots verts, épinards, brocoli, choucroute, salades vertes, etc.

- légumineuses : lentilles brunes et vertes, haricots blancs, pois, pois chiches, soja (index glycémique entre 20 et 50 ; à ne pas consommer avec des lipides)
- riz complet, pâtes intégrales ou complètes, semoule complète (index glycémique entre 20 et 50 ; à ne pas consommer avec des lipides)

ASSAISONNEMENTS :
- alternance d'huile d'olive et de canola
- ail, fines herbes, oignon
- fromage parmesan râpé
- crème fraîche allégée (au besoin), sauce yogourt
- beurre frais (maximum : 10 g/jour)
- vinaigre ou citron

LAITAGES :
- fromages (à ne pas consommer lors d'un repas avec des glucides à index glycémique > 20 ; en particulier, manger de préférence seul, sans pain ni biscotte)
- yogourt, fromage cottage à 1 % ou moins de matières grasses

Goûter ou collation

- fruits frais et/ou secs (figues, abricots, raisins)
- fruits oléagineux : noix, noisettes
- pain complet ou intégral
- yogourt
- thé, lait écrémé
- chocolat à plus de 70 % de cacao

Boissons

- eaux (plutôt riches en calcium et en magnésium)
- vin : 2 à 3 verres/jour
- lait écrémé
- boisson de soja
- thé

CHAPITRE IX

L'ÉTUDE DE L'UNIVERSITÉ LAVAL : DES RÉSULTATS CONCLUANTS

PAR Dᴿ JEAN G. DUMESNIL

C omme nous l'avons rapporté au chapitre I, l'enthou-siasme que certains collègues et moi avions éprouvé devant les résultats personnels obtenus avec la méthode Montignac fut l'étincelle qui mena finalement à l'élaboration d'un projet de recherche sur le sujet.

Les résultats complets de l'étude menée par Angelo Tremblay, nutritionniste, Jean-Pierre Després, spécialiste des maladies lipidiques et moi-même viennent d'être publiés dans le prestigieux *British Journal of Nutrition* (volume 86, pages 557-568, 2001) et nous sommes persuadés qu'ils deviendront un jalon important de la recherche nutritionnelle.

Pour l'étude, 12 hommes volontaires (âge moyen de 47 ans) avec un important surplus de poids (poids moyen de 103,5 kg, indice de masse corporelle moyen de 33,0 kg/m^2) mais en bonne santé par ailleurs avaient été recrutés. Je tiens d'ailleurs à les remercier pour leur participation qui fut évidemment essentielle et sans laquelle l'étude n'aurait pu être faite.

Ces sujets furent donc soumis à trois régimes différents durant six jours avec des intervalles de repos de deux semaines entre chacun. Durant ces trois périodes de six jours, tous les repas étaient pris au centre de recherche de l'hôpital et tout ce qui se mangeait était minutieusement calculé. On a procédé à des prises de sang au début et à la fin de chaque période d'expérimentation, la dernière journée étant passée au laboratoire afin de faire des prises de sang à toutes les heures pour ainsi mesurer les variations horaires des taux de glucose, d'insuline et de triglycérides durant une journée type.

Les trois régimes étudiés étaient :

Régime 1. La diète dite phase 1 de l'American Heart Association; celle-ci fut administrée telle qu'elle est habituellement prescrite, soit avec des restrictions proportionnelles quant aux graisses qui peuvent être ingérées, mais sans restriction quant à la quantité totale de nourriture qui peut être mangée;

Régime 2. Des menus élaborés suivant les principes de la méthode Montignac avec aucune restriction quant à la quantité totale d'aliments qui pouvait être mangée;

Régime 3. La diète phase 1 de l'American Heart Association mais limitée cette fois au même nombre de calories que ce qui avait été consommé durant le régime 2, soit la période Montignac.

Le régime de l'American Heart Association fut choisi parce que c'est un point de référence en termes de prévention des maladies cardiovasculaires. Le régime ne fut pas conçu au départ pour maigrir mais bien pour améliorer le bilan lipidique. C'est pourquoi il ne comporte pas d'emblée de restriction quantitative et c'est cette prescription alimentaire que nous avons tenté de reproduire dans notre régime 1. Ce sont néanmoins les mêmes lignes directrices qui sont utilisées lorsqu'un régime amaigrissant est prescrit à un patient, la seule différence étant qu'on y ajoute une restriction sur la quantité totale d'aliments qui peut être consommée. L'hypothèse de départ était que l'apport calorique serait probablement moindre durant le régime 2 que durant le régime 1, ce qui s'est avéré juste. Le régime 3 peut donc être considéré comme une version amaigrissante du régime de l'AHA et il correspond à peu de chose près aux régimes amaigrissants qui sont prescrits dans la plupart de nos hôpitaux.

EFFETS OBSERVÉS SUR LE PROFIL NUTRITIONNEL

Le tableau qui suit présente une synthèse du nombre moyen de calories et de la répartition proportionnelle de chacun des nutriments qui furent consommés quotidiennement durant chacun des régimes; les variations qui furent observées en termes de poids et de tour de taille durant chacun des régimes y sont aussi indiquées.

	Régime 1 (AHA à volonté)	Régime 2 (Montignac)	Régime 3 (AHA limité)
Kcal	2 798	2 109	2 102
Protéines	15 %	31 %	16 %
Lipides	30 %	32 %	30 %
Glucides	55 %	37 %	54 %
Poids	+ 0,2 %	- 2,4 %	- 1,7 %
Tour de taille	+ 0,3 %	- 3,0 %	- 1,7 %

Il ressort à l'évidence que les sujets ont mangé 25 % moins de calories durant le régime 2 (Montignac) que durant le régime 1 (AHA) bien que les deux régimes aient été servis à volonté et sans aucune restriction quant à la quantité totale de nourriture qui pouvait être consommée. Le résultat est d'autant plus significatif et étonnant que la diminution de l'apport s'effectue spontanément et sans effort et qu'une diminution aussi importante de l'apport calorique n'est habituellement possible qu'à la suite de l'administration de médicaments. D'ailleurs, ceux-ci ne sont pas sans effets secondaires et certains ont même dû être retirés du marché pour cette raison. Les questionnaires remplis par les sujets à la fin de chaque régime démontrent aussi de façon très claire qu'ils n'eurent pas plus faim et qu'ils furent tout autant rassasiés durant le régime Montignac que durant le régime de l'AHA, bien qu'ils consommèrent 25 % moins de calories.

À l'opposé, les questionnaires remplis à la fin du régime 3, soit la version amaigrissante du régime de l'AHA, démontrent une augmentation importante de la faim et une diminution significative de la satiété durant ce régime. Les sujets avouèrent spontanément qu'ils ne pourraient jamais suivre un tel régime à long terme. Cette observation est tout à fait cohérente avec le peu de succès obtenu à long terme par cette prescription diététique lorsqu'elle est administrée dans un but amaigrissant.

LE MÉCANISME DE LA PERTE DE POIDS

La réduction spontanée de l'apport calorique de la méthode Montignac est donc un début d'explication quant à son succès et à la relative facilité avec laquelle elle peut être suivie. Il y a encore lieu de s'interroger sur la raison exacte d'une satiété équivalente malgré un apport calorique moindre. Parmi les hypothèses à vérifier, soulignons que les protéines sont prises en quantité plus importante durant ce régime et il se pourrait qu'elles aient un meilleur effet rassasiant que les glucides ou les lipides. Du fait que les taux de sucre et d'insuline varient beaucoup moins, il pourrait aussi y avoir moins de pics hypoglycémiques, lesquels sont générateurs d'une augmentation de l'appétit.

La perte de poids et la diminution du tour de taille furent un peu plus marquées lors du suivi de la méthode Montignac que de celui du suivi du régime. 3, qui avait un apport calorique équivalent. Il ne faut cependant pas surestimer la portée de ce résultat, puisque la différence n'est pas statistiquement significative. Des études à plus long terme seront nécessaires pour déterminer si des mécanismes autres que l'apport calorique sont impliqués.

Lorsqu'on interprète les données du tableau à la page 107, il est aussi important de considérer qu'il y a à la fois diminution de l'apport global et un changement de la contribution relative de chacun des nutriments. Le tableau suivant donne le ratio de chacune des quantités de nutriments par rapport à celles observées durant le régime 1 et permet de mieux saisir les changements opérés relativement à l'apport quantitatif de chacun des nutriments.

	Régime 1 (AHA à volonté)	Régime 2 (Montignac)	Régime 3 (AHA limité)
Kcal/jour	1,00	0,75	0,75
Protéines (kcal)	1,00	1,55	0,80
Lipides (kcal)	1,00	0,80	0,75
Glucides (kcal)	1,00	0,51	0,74
Fibres (gm)	1,00	1,12	1,08

Ainsi, par rapport au régime contrôle (régime 1), la méthode Montignac entraîne spontanément une diminution de 49 % des glucides et de 20 % des lipides, alors que l'apport protéique augmente de 55 %. Il s'agit là d'une modulation potentiellement très intéressante, d'autant plus que les diminutions se font aux dépens des mauvais lipides et des mauvais glucides, alors qu'il n'y a pas d'indication qu'une augmentation de l'apport protéique de cet ordre puisse avoir un quelconque effet néfaste.

EFFETS OBSERVÉS SUR LES TAUX DE GLUCOSE ET D'INSULINE

Un des buts importants de notre recherche était de mettre en évidence les effets de la méthode Montignac sur la glycémie, l'insulinémie ainsi que sur le bilan lipidique.

Les courbes ci-dessous montrent les changements horaires des taux de glucose et d'insuline observés durant la dernière journée de chacun des régimes.

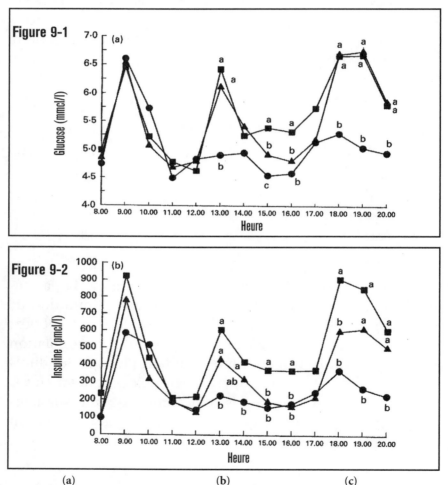

Symboles : ■ Régime 1 (AHA à volonté), ● Régime 2 (Montignac) ▲ Régime 3 (AHA limité en calories)

(Reproduit avec la permission du *British Journal of Nutrition*)

Les trois pics correspondent aux trois repas. Au petit déjeuner, les trois régimes induisent une augmentation semblable de la glycémie, alors qu'après les deux autres repas, la glycémie augmente beaucoup moins avec la méthode Montignac qu'avec les deux autres régimes. Le pic glycémique plus élevé du matin avec la méthode Montignac s'explique du fait qu'il s'agit d'un repas à prédominance glucidique et donc avec un index glycémique plus élevé que dans les deux autres repas qui sont plutôt à prédominance protido-lipidique.

Par ailleurs, les niveaux d'insuline sont toujours plus bas avec la méthode Montignac et les différences sont telles qu'à la fin de la journée, le taux d'insuline est semblable à ce qu'il était au lever, alors qu'il est beaucoup plus élevé avec les deux autres régimes, et ce, bien que l'apport calorique durant le régime 3 ait été identique à ce qu'il était durant le régime Montignac.

Ces résultats sont la preuve que les index glycémiques peuvent être utilisés à bon escient pour diminuer de façon substantielle les niveaux de glucose et d'insuline et cela sans altérer de façon significative la faim ou la satiété. Faut-il rappeler à ce stade les effets potentiels très pervers de l'hyperinsulinisme (voir p. 66). Il est aussi intéressant de noter que ces courbes ont une étrange ressemblance avec celles imaginées sur le plan théorique par Montignac reproduite dans (*Je mange, je maigris et je reste mince** – adapté pour le Québec, p. 62).

---

* Flammarion Québec, Montréal, 1999

EFFETS OBSERVÉS SUR LE PROFIL LIPIDIQUE

Les tableaux suivants résument les effets des trois régimes sur le profil lipidique :
- **régime 1** (diète de l'American Heart Association servie à volonté)

	AVANT	APRÈS SIX JOURS
Triglycérides	1,77	2,27*
Cholestérol total	4,96	4,94
LDL-cholestérol	3,22	3,07
HDL-cholestérol	0,92	0,83*
Ratio cholestérol/ HDL-cholestérol	5,42	5,98*
* indique un changement significatif du point de vue statistique		

Les seuls changements statistiquement significatifs sont une baisse de 10 % du HDL-cholestérol («bon» cholestérol), une augmentation de 28 % des triglycérides et une augmentation de 9 % du ratio cholestérol total sur HDL-cholestérol. Malheureusement, tous ces changements vont à l'inverse du résultat souhaité et doivent donc être considérés comme néfastes. La légère baisse du LDL-cholestérol («mauvais» cholestérol) pourrait à la rigueur être considérée comme bénéfique, mais ce changement n'est pas statistiquement significatif, il ne peut donc être interprété comme tel.

Ce régime, faut-il encore le rappeler, est recommandé par l'organisme américain le plus officiel en matière de prévention cardiovasculaire et c'est le même qui est le plus souvent prescrit aux patients ayant une maladie cardiaque ou présentant une hypercholestérolémie.

- **régime 2** (méthode Montignac)

	AVANT	APRÈS SIX JOURS
Triglycérides	2,00	1,31*
Cholestérol total	5,25	5,04
LDL-cholestérol	3,41	3,52
HDL-cholestérol	0,93	0,92
Ratio cholestérol/ HDL-cholestérol	5,71	5,53
* indique un changement significatif du point de vue statistique		

On note que le taux du HDL-cholestérol reste ici inchangé. Par contre la modification du taux des triglycérides est très importante, puisqu'elle accuse une diminution spectaculaire de 35 % et elle est statistiquement très significative.

Force est de constater une différence de plus de 70 % entre les taux des triglycérides des régimes 1 et 2, sachant que ce résultat est obtenu en six jours seulement.

- **régime 3** (diète de l'American Heart Association, mais avec un apport calorique identique au régime 2, soit une diminution de 25 % par rapport au régime 1).

	AVANT	APRÈS SIX JOURS
Triglycérides	1,76	1,63
Cholestérol total	5,01	5,05
LDL-cholestérol	3,24	3,38
HDL-cholestérol	0,96	0,91
Ratio cholestérol/ HDL-cholestérol	5,26	5,65*
* indique un changement significatif du point de vue statistique		

Le seul changement significatif est une augmentation du ratio cholestérol total sur HDL-cholestérol, ce qui va à l'encontre de l'effet désiré et doit donc être considéré comme néfaste.

Les taux d'insuline à jeun et lors d'une hyperglycémie provoquée ainsi que les taux d'apolipoprotéines B et la taille des particules denses de LDL-cholestérol furent aussi mesurés à la fin de chaque régime. Les seuls changements significatifs observés ont été une diminution du taux d'insuline à jeun et lors de l'hyperglycémie provoquée ainsi qu'une augmentation de la taille des particules denses de LDL à la suite du régime Montignac, alors que les deux autres régimes n'eurent pas d'effet sur les mêmes paramètres. Ces résultats vont donc dans le sens d'une diminution de l'hyperinsulinisme et de la résistance à l'insuline à la suite du régime Montignac et ils sont d'autant plus étonnants qu'ils sont observés après seulement six jours. Ils appuient aussi la thèse selon laquelle la résistance à l'insuline a vraisemblablement une origine nutritionnelle. Quant à la taille des particules denses de LDL-cholestérol, une modification aussi rapide et dans le bon sens après une intervention diététique n'a à notre connaissance jamais été décrite.

Dans ce contexte, il importe aussi de rappeler que Després a décrit une triade métabolique particulièrement meurtrière qui multiplie par 20 le risque de subir un accident coronarien. Elle se retrouve particulièrement chez les hommes ayant une obésité abdominale et elle associe :
- un hyperinsulinisme,
- une augmentation des apolipoprotéines B (qui portent le LDL-cholestérol),
- une augmentation du taux de petites particules denses de LDL-cholestérol.

Ce type d'anomalie n'est pas rare et le régime Montignac apparaît particulièrement prometteur dans ces cas, d'autant plus qu'ils répondent souvent moins bien aux traitements diététiques et médicamenteux traditionnels.

RÉSULTATS À LONG TERME

Les résultats sont si prometteurs qu'une investigation à long terme a été entreprise sous la direction de Jean-Pierre Després et d'Angelo Tremblay et à laquelle je suis très fier d'être associé en tant que cardiologue. La science est faite de scepticisme et même si nous avons démontré une efficacité à court terme, il importe maintenant d'en faire la démonstration à long terme.

Dans ce contexte, il faut aussi rappeler les résultats du Pr Walter Willett de l'université Harvard. À travers des études épidémiologiques à large échelle (Nurses Health Study, plus de 75 000 infirmières suivies durant plus de 10 ans et Health Professionals Study, plus de 43 000 hommes), celui-ci a démontré clairement qu'il y avait une nette relation entre la charge glycémique de l'alimentation et le risque de maladie coronarienne ainsi que le risque de survenue de diabète de type II.

À tel point que la charge glycémique y est vue comme un facteur de risque indépendant de la maladie coronarienne. Il faut aussi noter que la charge glycémique est établie uniquement en fonction des index glycémiques. L'auteur insiste beaucoup sur ce point et, en particulier, sur le fait que la classification classique entre sucres rapides et complexes n'est d'aucun secours à cet effet et n'a aucune relation avec le risque cardiovasculaire ou de diabète de type II.

Ces résultats sont donc une confirmation épidémiologique importante de la notion des index glycémiques et de leur importance dans notre alimentation. Eux aussi sont une évidence indirecte que la résistance à l'insuline et le diabète de type II ont vraisemblablement une origine nutritionnelle. La prochaine étape est donc de voir comment le concept des index glycémiques peut maintenant être utilisé sur une base thérapeutique à long terme.

À PROPOS D'UN CAS

Entre temps et de façon purement anecdotique, je vous ferai part de l'évolution de mon propre bilan lipidique. Cette idée m'est venue alors que j'assistais à un débat entre Atkins et Ornish lors d'un récent congrès de l'American College of Cardiology. Le débat fut très animé, les deux protagonistes admettant le rôle néfaste de l'hyperinsulinisme mais ne s'entendant pas du tout sur la solution. Quoi qu'il en soit, au cours de la période de questions, un membre de l'auditoire leur fit la remarque qu'aucun protagoniste du domaine de la nutrition n'avait jamais osé publier les effets de son régime sur son propre bilan lipidique. Maintenant, ce sera fait. Vous pourrez lire aussi à l'annexe, de quelle façon ma compagne et moi appliquons la méthode Montignac au quotidien.

Évolution du bilan lipidique du Dr Jean G. Dumesnil				
Traitement	04-02-94 Aucun	25-05-95 Zocor 10 mg	17-03-96 Zocor 10 mg + méthode Montignac	20-03-01 Zocor 10 mg + méthode Montignac
Triglycérides	2,09	1,83	1,13	1,16
Cholestérol total	7,37	5,33	4,50	4,45
LDL-cholestérol	5,20	3,43	2,43	2,28
HDL-cholestérol	1,21	1,26	1,70	1,75
Ratio cholestérol/ HDL-cholestérol	6,09	4,38	2,70	2,50

On notera que je souffrais au départ d'une hypercholestérolémie de type II. La dose du médicament utilisé (Zocor 10 mg) est faible en raison d'une intolérance digestive à des doses plus élevées, d'autres médications ayant aussi été tentées auparavant. Les effets obtenus avec le Zocor seul furent une diminution de 34 % du LDL-cholestérol (« mauvais » cholestérol), une diminution de 12 % des triglycérides et une augmentation de 4 % du HDL-cholestérol («bon» cholestérol). Ces changements correspondent très bien à ce qui est généralement observé avec ce type de médication, soit une diminution prépondérante du LDL-cholestérol et des modifications bénéfiques moins importantes des autres paramètres. J'ai commencé à suivre le régime Montignac en novembre 1995. Les modifications observées par la suite et maintenues jusqu'à ce jour furent une diminution additionnelle de **29 %** du LDL-cholestérol, une augmentation de **39 %** du HDL-cholestérol et une diminution de **86 %** des triglycérides.

Les effets sur le HDL-cholestérol et les triglycérides sont particulièrement impressionnants et très rarement obtenus avec d'autres types d'intervention, encore moins si elles sont de nature diététique. Pour mettre les choses en perspective, mentionnons qu'une augmentation de 10 % du HDL-cholestérol suivant une intervention pharmacologique est généralement considérée comme un grand succès! On remarquera aussi l'amélioration spectaculaire du ratio cholestérol total sur HDL-cholestérol qui est passé de 6,09 à 2,50.

L'Étude cardiovasculaire de Québec a récemment démontré que ce dernier indice est un très puissant indicateur pronostique, en particulier chez les hommes ayant une obésité abdominale et présentant la triade athérogénique décrite par Després. Les résultats que j'ai obtenus démontrent aussi que **pharmacothérapie et diététique peuvent être complémentaires et que les médicaments ne doivent en aucun cas être considérés comme un substitut à une saine alimentation.** Ce dernier réflexe est néanmoins fréquent de nos jours et provient probablement du fait que le régime habituellement prescrit, qui est celui de l'AHA, a, comme nous l'avons vu, des effets plutôt décevants.

CHAPITRE X

TOUTES LES GRAISSES
NE SONT PAS MAUVAISES

Auparavant, toutes les graisses sans distinction étaient vues comme nuisibles pour le système cardiovasculaire et la consigne était d'en consommer le moins possible. Il est maintenant devenu évident que certaines graisses peuvent avoir un effet bénéfique alors que d'autres ont un effet nuisible. La mode est à la sélection plutôt qu'à l'interdiction complète.

Pour choisir les lipides, c'est-à-dire les graisses que nous sommes amenés à consommer, il faut pouvoir les distinguer, connaître leurs propriétés et savoir quels sont leurs effets sur l'organisme en général et sur l'appareil cardiovasculaire en particulier. Il faut aussi mentionner qu'à cause de la mauvaise réputation des graisses, la recherche dans ce domaine a longtemps fait défaut et que, dès lors, nos connaissances ne sont que partielles et évoluent constamment.

Ce chapitre pourra paraître lourd à assimiler. Il faut cependant faire une mise à jour de l'information pour le lecteur avide de connaissances. Le lecteur plus pressé pourra passer au tableau figurant à la fin du chapitre (p. 129).

CLASSIFICATION DES LIPIDES

De façon fonctionnelle et simplifiée, les lipides peuvent être classifiés ainsi : 1) les triglycérides ; 2) les phospholipides ; 3) le cholestérol ; 4) d'autres lipides mineurs de moindre importance.

La portion graisseuse des triglycérides et des phospholipides est constituée d'acides gras. Le cholestérol n'en contient pas directement, mais il est synthétisé à partir d'acides gras.

Les acides gras sont sans contredit les substances les plus importantes sur le plan nutritionnel. Ils constituent la majorité des graisses que nous ingérons. Certains auront un effet plutôt néfaste ; d'autres, un effet plutôt bénéfique. L'équilibre demeurera cependant important puisque ce qui sera bénéfique en quantité modérée pourra devenir nuisible en quantité plus importante.

Paradoxalement, les taux sanguins de cholestérol seront déterminés davantage par la quantité et la qualité des acides gras que nous ingérons que par l'apport alimentaire en cholestérol. En effet, 25 à 30 % du cholestérol de notre organisme provient de l'alimentation alors que 70 à 75 % est fabriqué par le foie à partir des acides gras.

Qui plus est, une augmentation de l'apport alimentaire en cholestérol n'entraîne pas nécessairement une augmentation de son taux sanguin, puisque pour compenser l'organisme fabriquera alors moins de cholestérol endogène. Par ailleurs, pour des raisons qu'on ignore, une consommation accrue d'acides gras saturés est plus susceptible de faire augmenter les taux de cholestérol.

Les acides gras

De 95 à 98 % des graisses alimentaires ingérées le sont sous forme de **triglycérides**. L'alimentation quotidienne en apporte en moyenne 100 à 150 g.

Chimiquement, les triglycérides sont composés d'une molécule de glycérol (sucre-alcool) sur lequel sont fixés **trois acides gras en positions 1, 2 et 3.**

Un **acide gras** est constitué d'une chaîne d'atomes de carbone (C) plus ou moins longue, sur laquelle se fixent un ou deux atomes d'hydrogène (H ou H_2) :

$$-CH_2-CH_2-CH_2-CH_2-$$

Mais il arrive que les atomes de carbone aient entre eux une double liaison :

$$-CH=CH-CH_2-CH_2-$$

auquel cas les atomes de carbone de part et d'autre de la double liaison ne sont liés qu'à un seul atome d'hydrogène et l'acide gras est alors défini comme insaturé.

Les acides gras vont se distinguer entre eux par différentes caractéristiques qui détermineront largement leurs propriétés et leurs effets dans l'organisme :

1. La longueur de leur chaîne, qui est définie par le nombre d'atomes de carbone, ce nombre variant généralement entre 4 et 24. Ainsi, un acide gras appelé C_{16} est constitué de 16 atomes de carbone.

2. Leur degré d'insaturation, qui est défini par le nombre de doubles liaisons sur la chaîne carbonée. Ainsi :
- un acides gras est dit **saturé** s'il n'a pas de double liaison ; comme nous le verrons, les acides saturés ont des effets nuisibles et sont à éviter ;
- un acide gras est dit **monoinsaturé** s'il a une seule double liaison ; les acides gras monoinsaturés ont des effets bénéfiques et sont généralement à rechercher ;

- un acide gras est dit **polyinsaturé** s'il a plusieurs doubles liaisons; comme les monoinsaturés, les acides gras polyinsaturés ont des effets bénéfiques et sont généralement à rechercher. Cependant, l'apport ne doit cependant pas être illimité ou sans distinction de type, auquel cas un excès pourrait être aussi néfaste qu'une carence.

Il faut de plus savoir que la présence de doubles liaisons sur les acides mono- et polyinsaturés les rend sensibles aux phénomènes de **peroxydation** sous l'effet de l'oxygène de l'air et des ultraviolets. Dans l'organisme, les acides gras circulants ou ceux des membranes cellulaires peuvent aussi se peroxyder sous l'action des radicaux libres en l'absence d'un apport suffisant d'antioxydants.

Tout acide gras soumis à une cuisson à température très élevée peut se cycliser, se polymériser ou **s'hydrogéner**. Cette dernière modification se réalise dans les huiles ou les margarines par raffinage ou par chauffage.

La **peroxydation** et l'**hydrogénation** enlèvent aux acides gras leurs effets bénéfiques et les rendent aussi nuisibles que les acides gras saturés. Lorsqu'elles sont recherchées pour leurs effets bénéfiques, les huiles contenant des acides gras insaturées doivent être conservées au frais et à l'abri de la lumière. À noter aussi que certaines huiles sont plus instables et ne devraient pas être utilisées pour la cuisson ou la friture.

3. La place de la première double liaison définit la famille à laquelle appartient un acide gras. Elle est identifiée par la lettre oméga suivie d'un chiffre, indiquant la place de la première double liaison sur la chaîne carbonée à partir de l'extrémité méthyle. L'acide gras pourra également présenter d'autres doubles liaisons mais toujours de rang supérieur. Ces familles sont particulièrement importantes dans le cas des **oméga-3** et des **oméga-6** qui représentent des catégories d'acides gras polyinsaturés ayant des effets bénéfiques, mais dont les pré-

curseurs ne peuvent être synthétisés par l'homme. Les acides gras monoinsaturés sont de la famille **oméga-9** et ils peuvent être synthétisés par le corps humain.

Les précurseurs des lignées oméga-6 et oméga-3 sont respectivement l'**acide linoléique** et l'**acide linolénique** qui pour l'un va servir à fabriquer l'acide arachidonique et pour l'autre, les acides eicosapentaenoïque (**EPA**) et docosahexaenoïque (**DHA**). À défaut d'être fabriqués à partir de l'acide linolénique, ces derniers peuvent également se retrouver dans les poissons gras : maquereau, hareng, thon, saumon, sardine, etc.

Les oméga-6 et les oméga-3 suscitent de plus en plus d'intérêt parce qu'on leur découvre des effets bénéfiques autrefois insoupçonnés. Ainsi, l'intérêt pour les oméga-3 a débuté après que l'on eut remarqué que les peuples inuits souffraient rarement de maladies cardiovasculaires, et ce, malgré leur alimentation particulièrement riche en graisses.

Cependant, les graisses qu'ils mangeaient provenaient à peu près exclusivement de chair ou d'huile de poisson, de phoque ou de baleine, qui sont particulièrement riches en oméga-3. Parallèlement, d'autres recherches démontrèrent que les oméga-3 faisaient baisser le taux de triglycérides, rendaient le sang moins coagulable et réduisaient l'inflammation. Il est donc vraisemblable de considérer que la relative protection des Inuits relativement aux maladies cardiaques puisse être le résultat des effets bénéfiques des oméga-3.

L'importance des oméga-3 pour la prévention cardiovasculaire est aussi mise en évidence par l'étude cardiovasculaire de Lyon (de Lorgeril, *Circulation*, 1999) qui a démontré qu'une diète riche en acide linolénique (le précurseur des oméga-3) était tout aussi efficace pour prévenir une récidive d'infarctus du myocarde que les médicaments prescrits pour abaisser le taux de cholestérol, les deux interventions (diète et médicaments) ayant même des effets additifs.

Les résultats ont tellement impressionné, que cette étude a fait l'objet d'un commentaire spécial et très positif du puissant comité de l'American Heart Association sur la nutrition. Ce commentaire impressionne d'autant plus que le comité est très prudent et que cette intervention est nettement non conventionnelle par rapport à ses recommandations habituelles.

Malheureusement, notre alimentation moderne est de plus en plus déficiente en oméga-3. Ainsi, les huiles végétales contenant de l'acide linolénique sont peu consommées, soit à cause de leur goût insipide (huile de canola) soit à cause de la difficulté à les conserver sans hydrogénation ou peroxydation (huile de lin).

Les œufs de poule et le saumon, qui étaient auparavant de bonnes sources d'oméga-3, n'en contiennent à peu près plus. En effet, l'alimentation naturelle des poules et des saumons était autrefois riche en oméga-3, mais la production industrielle lui a substitué une nourriture d'élevage qui n'en contient à peu près pas.

À telle enseigne qu'on commercialise maintenant, moyennant prime, des œufs certifiés riches en oméga-3 du fait que la ration alimentaire des poules pondeuses a été modifiée pour contenir 10 à 20 % de graines de lin, lesquelles sont riches en oméga-3. Comme quoi toute modification de la chaîne alimentaire peut parfois avoir des conséquences insoupçonnées.

Les oméga-6 offrent aussi des effets bénéfiques intéressants, mais leur carence dans notre alimentation est moins flagrante que pour les oméga-3. D'autant qu'il est important de conserver un équilibre entre précurseurs des oméga-3 et précurseurs des oméga-6 parce que les deux sont en compétition pour les mêmes enzymes.

Du fait de cette compétition, un apport trop important en précurseurs des oméga-6 peut accentuer une carence déjà existante en oméga-3 et engendrer une production encore moins grande de DHA et EPA. Ces derniers, on s'en souviendra, sont les acides gras bénéfiques retrouvés chez les poissons gras et ils sont notamment essentiels pour la fabrication d'enzymes très importants, les prostaglandines.

Actuellement, un apport en acide linolénique (oméga-3) entre 1,5 et 3,0 g et un rapport acide linoléique (oméga-6) / acide linolénique (oméga-3) entre 5 et 10 sont considérés comme optimaux. Plusieurs recherches sont encore à faire dans ce domaine, mais il semblerait que la solution réside dans un équilibre et un dosage raisonnable des apports plutôt que dans une consommation à l'emporte-pièce. À noter aussi que certains individus, particulièrement les diabétiques, ont de la difficulté à synthétiser l'EPA et le DHA à partir de l'acide linolénique et devront rechercher un apport direct de ces substances à travers la chair et l'huile de poisson, eu égard aux réserves émises par rapport au saumon d'élevage.

4. Le degré d'isomérisation. L'isomérisation ne concerne que les acides gras insaturés et se définit par la position des chaînes de carbone par rapport aux doubles liaisons. Cela détermine une forme variable de la molécule des acides gras insaturés dans l'espace.

Ainsi, l'acide gras est en **forme «cis»** lorsque les deux parties de la chaîne de carbone sont situées du même côté d'un plan passant par la double liaison (on a une forme en «u» ou en «bateau»), tandis qu'il est en **forme «trans»** lorsque les deux parties de la chaîne se trouvent de part et d'autre de la double liaison (on a alors une forme «en chaise»).

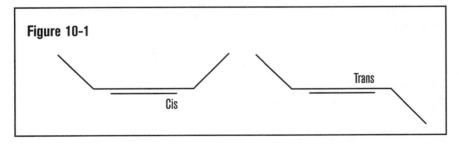

Figure 10-1

Trans

Cis

Dans la nature, les acides gras végétaux sont toujours de forme cis. La présence d'isomères trans dans les graisses d'origine végétale résulte de procédés industriels, notamment l'hydrogénation catalytique, visant la fabrication de margarines, pâtes à tartiner ou autres graisses solides. Ces procédés font apparaître 10 à 30 % d'isomères trans. Des formes trans se retrouvent également dans les produits laitiers à la suite de l'hydrogénation des acides gras insaturés dans l'estomac des ruminants.

Nous verrons ultérieurement que cette caractéristique cis ou trans sera importante dans le choix des acides gras polyinsaturés. En particulier, l'isomérisation trans donne à l'acide gras insaturé un comportement similaire à l'acide gras saturé. En se substituant à la forme cis des acides gras insaturés, il va augmenter la rigidité des membranes cellulaires, facteur très néfaste, et aussi potentiellement diminuer la synthèse des prostaglandines, hormones complexes et essentielles au fonctionnement harmonieux de l'organisme.

5. La répartition des acides gras en position 1, 2 ou 3 sur le glycérol. C'est un domaine encore mal exploré et mal connu de la plupart des nutritionnistes. Il faut savoir, en effet, que les enzymes digestives qui attaquent les lipides (lipases) agissent mieux sur certaines positions que d'autres.

Ainsi, le même acide gras pourra être plus ou moins facilement digéré et absorbé dans l'intestin, d'un aliment à l'autre, en fonction de sa position 1, 2 ou 3 sur le glycérol. Car les acides gras situés en position 2 sont mieux absorbés.

Tout acide gras ingéré n'est donc pas forcément absorbé de la même façon, car une partie peut ne pas être digérée au niveau de l'intestin grêle et se retrouver éliminée dans les selles. La position d'un acide gras détermine également la forme sous laquelle il est absorbé et sous quelle forme et dans quels tissus il va se retrouver dans l'organisme.

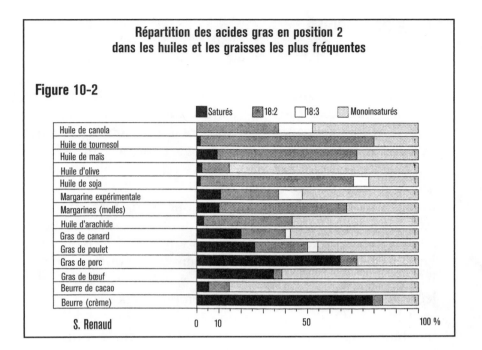

Répartition des acides gras en position 2
dans les huiles et les graisses les plus fréquentes

Figure 10-2

Le cholestérol

Le cholestérol provient surtout d'une alimentation d'origine animale (viandes, abats, produits laitiers, œufs, crustacés). Le cholestérol exogène (c'est-à-dire provenant de l'alimentation) fournit environ 25 % de nos besoins alors que notre organisme en produit de façon endogène environ 75 %. L'apport en cholestérol exogène doit être raisonnable et les aliments mentionnés, consommés avec modération. Le bon choix des acides gras est cependant beaucoup plus important et il est plus traître du fait que de mauvaises formes d'acides gras sont camouflées notamment dans les produits alimentaires fabriqués de façon industrielle.

LE RÔLE DES LIPIDES

Les lipides ont dans le métabolisme des rôles multiples, en particulier :

- **un rôle énergétique** : en principe 1 g de lipides apporte 9 kcal (mais cela reste théorique, car le nombre réel de calories dont l'organisme disposera est fonction de leurs niveaux d'absorption) ; cette énergie peut être utilisée de façon immédiate ou mise en réserve dans les cellules graisseuses pour un usage ultérieur ;

- **un rôle structurel** : les lipides contribuent à la formation des structures des membranes cellulaires. Celles-ci sont constituées de lipides complexes dont 70 à 90 % sont des phospholipides. Le cholestérol est également un élément constitutif important. La composition en acides gras des membranes va moduler leur fluidité, laquelle est importante à plusieurs égards. Ainsi, la présence d'acides gras saturés, trans ou peroxydés augmentera la rigidité des membranes et diminuera leur perméabilité. De ce fait, le taux de cholestérol sanguin va augmenter, favorisant la survenue de l'athéromatose. Une diminution de perméabilité entraînerait aussi une augmentation de la résistance à l'insuline ;

- **un rôle de fabrication d'eicosanoïdes** : les eicosanoïdes sont des hormones « locales » ou « tissulaires » qui interviennent dans de nombreux métabolismes (athérome, coagulation, carcinogenèse, inflammation). Les principaux eicosanoïdes sont les prostaglandines et les leucotriènes, qui proviennent des acides gras polyinsaturés (séries oméga-3 et oméga-6) à la suite des processus d'élongation et de désaturation. Il reste beaucoup à apprendre au sujet de ces hormones. Néanmoins, elles sont multiples et ont un équilibre précaire. D'où la nécessité d'un apport équilibré, le plus bel exemple étant un apport suffisant en EPA, issu de la série oméga-3. L'EPA va conduire à la synthèse de la prostaglandine PGI 3, qui a pour effet de diminuer l'agrégation des plaquettes du sang, et donc le risque de thrombose.

EN RÉSUMÉ

Les **bons** acides gras sont :
- Les acides gras monoinsaturés ;
- Les acides gras polyinsaturés séries oméga-3 et oméga-6 mais non en excès. Sont considérés comme optimaux un apport en oméga-3 entre 1,5 et 3,0 g et un rapport oméga-6 / oméga-3 entre 5 et 10 (c'est-à-dire qu'il faut prendre 5 à 10 fois plus d'oméga-6 que d'oméga-3).

Les **mauvais** acides gras sont :
- Les acides gras saturés ;
- Les acides gras hydrogénés ou peroxydés ;
- Les acides gras trans.

Le **bon choix des acides gras** est beaucoup plus important que la réduction de l'apport alimentaire en **cholestérol.**

CHAPITRE XI

BIEN CHOISIR SES GRAISSES

SOURCE ET EFFETS DES DIVERS ACIDES GRAS

ACIDES GRAS SATURÉS

On les retrouve d'abord dans **les graisses animales :** viandes, charcuterie, abats, peau des volailles, œufs, beurre, lait entier, crème, suif, saindoux mais aussi dans les graisses **d'origine végétale**. Dans ce cas, la teneur variera considérablement et pourra être contrebalancée par la présence d'acides mono- et polyinsaturés dont l'effet est bénéfique. La teneur en acides gras saturés sera d'autant plus importante que le produit aura subi des transformations visant à le rendre plus solide.

Les sources les plus importantes d'origine végétale sont : huile de noix de coco, huile de palmiste, huile de palme, huile d'arachide, margarines solides, huile de friture. En Amérique du Nord, la teneur en acides gras saturés d'un produit figure maintenant sur l'étiquette et une quantité plus grande que 2 g par portion de 10 ml devrait susciter la méfiance compte tenu de leurs effets généralement néfastes :

- ils augmentent le taux sanguin de LDL-cholestérol (« mauvais » cholestérol) ;

- ils augmentent le taux sanguin de HDL-cholestérol («bon» cholestérol);
- ils ont la propriété de se stocker plus facilement en graisses de réserve;
- ils augmentent l'agrégabilité des plaquettes sanguines, ce qui augmente le risque potentiel de thrombose;
- ils augmentent la résistance à l'insuline (présente dans le diabète de type II et chez l'obèse).

Il faut savoir aussi que toute consommation excessive de glucides à index glycémique élevé se traduit par un stockage en graisses de réserve sous forme d'acides gras saturés (qui se transforment en acide palmitique).

Cependant, des remarques s'imposent :
- Les acides gras saturés n'ont pas tous les mêmes effets :
  - l'augmentation du taux de LDL-cholestérol est plus importante avec les **acides laurique et myristique**;
  - par contre, **l'acide stéarique** (dont le chocolat est riche) se transforme vite lors de la digestion en acide oléique monoinsaturé. Aussi faudrait-il le compter plutôt avec les acides gras monoinsaturés et non pas le comptabiliser comme un des acides gras saturés.
- Comme nous l'avons déjà vu, l'acide gras saturé sera plus absorbé lors de la digestion **si, sur le triglycéride, il est situé en position 2**, plutôt qu'en position 1 ou 3. Ainsi on reproche souvent aux fromages fermentés d'être «gras» et on se base pour définir leurs effets négatifs sur la santé sur leur composition chimique, qui est souvent riche en acides gras saturés. Mais ces acides gras saturés sont, en fait, situés en position 1 et 3 et sont donc moins absorbés dans l'intestin. De plus, une partie des acides gras forme des «savons» avec le calcium du fromage et est ainsi éliminée dans les selles. C'est pour cela, comme l'a bien montré Renaud, qu'il n'y a pas de corrélation entre la consommation de fromages fermentés et la fréquence des maladies cardiovasculaires.

- On cite toujours les viandes comme sources d'acide gras saturé. Mais il correspond au gras solide et visible du bœuf ou de l'agneau. Si on le supprime, la viande est beaucoup plus maigre qu'on le croit souvent. Quant au porc, sa chair est aussi plutôt riche en acides gras monoinsaturés.

ACIDES GRAS MONOINSATURÉS

Ils peuvent aussi être soit d'**origine animale :** graisse d'oie, graisse de canard, foie gras, porc, poule, oie, dinde, etc., ou d'**origine végétale :** huile d'olive, oléisol (variété de tournesol), chocolat noir (après digestion, voir ci-dessus), huile de canola, amande, pistache, huile de maïs, noisette, cacahuète, huile de soja, huile de tournesol, noix du Brésil, huile de noix, avocat, huile de pépins de raisin, margarines molles.

Quand on les évoque, on parle surtout de l'acide oléique que l'on trouve principalement dans l'huile d'olive (mais aussi dans les huiles de canola, d'arachide, de sésame et dans le porc).

Il ne faut pas assimiler les effets de l'huile d'olive aux seuls effets de l'acide oléique, car cette huile contient aussi d'autres substances (polyphénols, phytostérols), qui ont une action bénéfique non négligeable.

Les acides gras monoinsaturés entraînent :
- une baisse du cholestérol total ;
- une baisse du LDL-cholestérol ;
- une stabilité du HDL-cholestérol ;
- une baisse de l'hyperglycémie, de l'hyperinsulinisme et de la résistance à l'insuline, d'où une possible amélioration des diabètes et des troubles métaboliques des obèses.

ACIDES GRAS POLYINSATURÉS

Série oméga-3

Le précurseur de la série est **l'acide alpha-linolénique** qui ne peut être fabriqué par l'organisme et constitue donc à ce titre un acide gras essentiel qui doit être apporté par l'alimentation. Le tableau suivant indique la teneur en pourcentage par rapport aux aliments qui en contiennent. Une cuillerée à table contenant 14 g de gras et l'apport quotidien conseillé étant évalué à 1,5-3,0 g/jour, les principales sources relativement aux huiles seront donc celles contenant plus de 5 g/100 g. À noter que l'huile de lin n'est pas commercialisée pour la consommation à cause de son instabilité qui la rend sensible à la peroxydation.

ALIMENTS	QUANTITÉS POUR 100 G
– huile de lin	53 g
– groseille rouge	33 g
– groseille à maquereau	24 g
– cassis	16 g
– huile de canola	9 g
– huile de noix	8 g
– huile de soja	7 g
– huile Isio 4	1,2 g
– huile de maïs	1 g
– huile de bourrache	1 g
– huile d'olive	0,8 g
– huile de carthame	0,7 g
– huile de pépins de raisin	0,3 g
– huile de tournesol	0,2 g
– huile d'onagre	0,2 g
– huile d'arachide	0,1 g
– margarines riches en acides gras polyinsaturés	0,3 g
– cheval	0,1 g
– agneau	0,08 g
– bœuf	0,07 g
– lapin	0,06 g

Donc, **l'acide eicosapentaénoïque** (EPA) et **l'acide doco-sahexaénoïque** (DHA) se retrouvent surtout dans les poissons gras (maquereau, hareng, thon, anchois, saumon sauvage, sardine…) et les crustacés avec en plus l'huile de foie de morue et le colostrum pour l'EPA. Ils peuvent aussi être fabriqués par l'organisme à partir de l'acide linolénique mais comme mentionné, cette capacité est diminuée chez les diabétiques et en présence d'apports démesurés en acide linoléique (oméga-6), qui est en compétition avec l'acide linolénique pour les mêmes enzymes, soit les élongases et les isomérases. **Parmi les sources les plus accessibles et les plus sûres d'oméga-3, on trouve au premier rang l'huile de canola et les sardines.**

Effets de l'acide alpha-linolénique :
- il fait baisser :
  - le cholestérol total,
  - le LDL-cholestérol ;
- il fait parfois un peu augmenter le HDL-cholestérol ;
- il exerce une action antiagrégante sur les plaquettes sanguines, d'où un rôle de prévention des thromboses ;
- il protégerait de certains cancers.

En cas de carence, on note :
- une altération des membranes cellulaires (notamment au niveau cérébral), d'où des troubles de l'apprentissage et peut-être du comportement chez l'enfant ;
- une baisse de 50 % de la Na-K-ATPase, enzyme indispensable au transport d'ions nécessaires à la transmission de l'influx nerveux ;
- des troubles de la rétine ;
- une moindre résistance des cellules vis-à-vis des toxines et notamment de l'alcool.

Mais **un excès d'apport** (s'il représente plus de 12 % des apports de lipides contre les 0,4 % souhaitables) peut aussi devenir toxique. On note alors :
- des modifications des membranes cellulaires ;
- une baisse du HDL-cholestérol ;
- des troubles cardiovasculaires (par oxydation) ;
- une augmentation du risque de développer des calculs biliaires.

Effets du DHA et de l'EPA

Leur action est *a priori* très positive, ils :
- provoquent une diminution du taux des triglycérides du sang ;
- ont un effet antiagrégant sur les plaquettes sanguines, d'où un rôle de prévention des thromboses ;
- favorisent une meilleure oxygénation des tissus ;
- font baisser la tension artérielle d'environ 10 % ;
- luttent contre la résistance à l'insuline ;
- favoriseraient la lipolyse (utilisation des graisses de réserve pouvant entraîner la perte de poids).

Cependant, un excès d'huiles de poisson peut éventuellement être toxique, sans doute parce qu'apparaît alors une gêne à l'absorption de la vitamine E, ce qui est d'autant plus regrettable que nous en sommes plutôt très carencés.

Série oméga-6

Le précurseur de la série est l'**acide alpha-linoléique** qui ne pouvant non plus être fabriqué par l'organisme constitue donc à ce titre un acide gras essentiel qui doit être apporté par l'alimentation. Le tableau suivant indique la teneur en pourcentage par rapport aux aliments qui en contiennent. Les apports conseillés sont évalués à 15-30 g/jour et il sera intéressant de privilégier les aliments qui contiennent aussi des monoinsaturés et des oméga-3 par rapport à ceux qui contiennent une haute teneur en saturés (voir les étiquettes sur les aliments). Règle générale, les huiles d'olive et de canola réunissent ces conditions.

ALIMENTS	QUANTITÉS POUR 100 G
huile de pépins de raisin	70 g
huile de tournesol	65 g
huile de noix	60 g
huile de maïs	57 g
huile de soja	53 g
huile Isio 4	47 g
huile d'arachide	22 à 36 g
huile de canola	20 g
oléisol	17 g
huile d'olive	10 g
graisse de poulet	20 g
graisse d'oie	12 g
graisse de canard	12 g
beurre	1,2 g
foie de morue	1 g
cheval	0,35 g
porc	0,31 g
lapin	0,28 g
blanc de poulet	0,24 g
mouton	0,2 g
bœuf	0,13 g

- **Acide gamma-linoléique :** huile de bourrache, huile d'onagre, huile de pépins de cassis, spiruline, gruau d'avoine ;
- **Acide arachidonique :** viandes, foie, cervelle, œufs.

Effets de l'acide linoléique :
- il fait baisser :
  - le cholestérol total,
  - le LDL-cholestérol (« mauvais » cholestérol),

- le HDL-cholestérol («bon» cholestérol),
- la tension artérielle;
• il a une action antiagrégante des plaquettes sanguines, ce qui évite les thromboses;
• il protège du diabète.

En cas de carence, on note:
• des troubles de la croissance chez l'enfant;
• des anomalies de la peau et des muqueuses;
• des lésions d'athérome avec accidents cardiovasculaires.

À une époque, souhaitant faire baisser la consommation d'acides gras saturés aux effets globalement négatifs, on a privilégié un apport accru d'acides gras polyinsaturés, ce qui a donné la vedette à l'acide linoléique, le plus facile à trouver dans l'alimentation.

On a alors vu apparaître des effets inattendus, dus à l'excès de consommation d'acide linoléique:
• une baisse de l'immunité;
• une augmentation du risque coronarien:
  - soit en raison d'une baisse du HDL-cholestérol (évidemment pas souhaitable!);
  - soit par peroxydation d'un excès d'acides gras polyinsaturés mal protégés par les antioxydants;
  - soit par compétition exagérée avec les oméga-3 pour les isomérases et les élongases.

ACIDES GRAS TRANS

Des études menées par J. Gregory au Royaume-Uni, en 1990, montrent qu'environ 40 % des acides gras trans de l'alimentation sont d'origine naturelle et 60 % d'origine industrielle.

On en trouve d'origine naturelle dans les graisses animales des ruminants :
- 1 à 10 % dans les graisses de bœuf et de veau,
- 11 à 16 % dans les graisses d'agneau,
- 2 à 8 % dans les graisses du lait.

Ces **acides gras trans** résultent de l'hydrogénation des acides gras insaturés dans le rumen des ruminants. Ensuite ils sont digérés et stockés dans la chair de ces animaux ou apparaissent dans leur lait.

Quant aux **acides gras insaturés des végétaux**, ils sont toujours en forme cis dans la nature. Toutefois, ils peuvent pivoter de la forme cis à la forme trans autour de leur double liaison. L'acide oléique cis se trouve transformé en acide élaïdique (isomère trans de l'acide oléique), qui présente des similitudes avec l'acide palmitique (saturé). Le problème est identique pour les isomères trans de l'acide alpha-linolénique. Ces formes trans prennent naissance lors :
- du raffinage ou du chauffage des huiles ;
- de la fabrication des margarines, des shortenings et autres graisses solides.

La friture à température trop élevée ou lorsque l'on ne renouvelle pas l'huile assez souvent (certains restaurants et marchands ambulants notamment) fait aussi apparaître des formes trans et une peroxydation.

La cuisson-extrusion, procédé moderne qui se développe, fait aussi apparaître des formes trans (1 à 2 %).

Ce qu'il faut savoir c'est que la création de formes trans modifie le point de fusion des acides gras insaturés. Celui de l'acide oléique cis, par exemple, est à 13 °C, alors que sa forme trans a son point de fusion à 44 °C. Ainsi, ils apparaîtront en particulier lors de la fabrication des produits agroalimentaires finis (biscuits, plats cuisinés) ou de margarines solides alors que le but de la fabrication est que les graisses s'y retrouvent sous forme solide.

En 1978, une étude allemande avait analysé les teneurs en acides gras trans de différents produits, elles étaient de :
• 0,1 à 34,7 % des acides gras dans les margarines,
• 0,2 à 11,2 % dans les margarines allégées,
• 0,1 à 53,2 % dans les shortenings (graisses hydrogénées trans).

Dans les huiles partiellement hydrogénées, raffinées et désodorisées, la proportion d'acides gras trans est très variable selon les marques, atteignant en moyenne 11,8 % (Wolff RL, 2000).

Couramment, on en retrouve en petite quantité dans les huiles non hydrogénées disponibles dans le commerce et, selon les échantillons d'huiles, la concentration en acides gras trans peut représenter 0,2 à 3 % des acides gras totaux. Par ailleurs, il y en a en quantité beaucoup plus importante dans les produits ayant subi une transformation industrielle visant à solidifier les graisses comme les margarines, les biscuits et autres produits (voir la liste p. 142).

Comme nous l'avons vu, les acides gras trans ont un comportement métabolique analogue à celui des acides gras saturés. Pourtant, jusqu'à très récemment, il n'en était nullement fait mention sur les étiquettes ; pis encore, ils étaient parfois comptabilisés avec les acides gras insaturés, donnant la fausse impression que le produit pouvait être bénéfique pour la santé alors que c'était en fait tout le contraire. Heureusement, les nouvelles normes proposées par Santé Canada exigeront dorénavant que le contenu en acides gras trans soit identifié et comptabilisé au même titre que les acides gras saturés.

L'étiquette qui suit présente les informations minimales qui deviendront obligatoires sur la nouvelle étiquette standard. De plus, si l'on déclare un des acides gras suivants, polyinsaturé oméga-6, polyinsaturé oméga-3 ou monoinsaturé, la déclaration des trois acides gras devient obligatoire. C'est là une amélioration considérable, d'autant plus que lorsqu'un aliment contient des poly- ou monoinsaturés en quantité appréciable, on aura avantage à l'indiquer; la répartition entre oméga-3 et oméga-6 deviendra dès lors très intéressante.

VALEUR NUTRITIVE pour 1 tasse (264 g)	
Quantité	% valeur quotidienne
Calories 260	
Lipides 13 g	20 %
Saturés 3 g	
+ Trans 2 g	25 %
Cholestérol 30 mg	
Sodium 660 mg	28 %
Glucides 31 g	10 %
Fibres 0 g	0 %
Sucres 5 g	
Protéines 5 g	
Vitamines A 4 % – Vitamines C 2 % Calcium 15 % – Fer 4 %	

Source : Nutrition Canada

À l'appui de l'importance d'une telle information, la liste qui suit donne la quantité d'acides gras trans pour divers aliments. Étonnamment, celle-ci est très variable et peut dans certains cas s'avérer très importante.

Teneurs moyennes en acides gras monoinsaturés trans de quelques matières grasses allégées et de margarines selon les échantillons testés (données ISTAB, 1989-1991)

Produits	Pourcentages
beurres allégés (20, 41 et 65 %)	3,1 à 5,4 %
matières grasses composées allégées (41 et 65 %)	2,4 à 18,4 %
margarines allégées (41 %)	9,9 à 21,7 %
margarines allégées (65 %)	18,0 %
margarines de ménage (en barquettes)	10,5 à 10,8 %
margarines de ménage (en pains)	3 à 21,4 %
margarines industrielles	8,5 à 27,5 %

Taux de matières grasses et pourcentage d'acides gras trans (sur les acides gras totaux de la matière grasse) de quelques produits alimentaires (COMBE)

Produits	Date	Matières grasses pour 100 g	% d'acides gras trans
barre de céréales	9/95	9 g	23 % des AG totaux
barre de céréales	3/96	6	37
biscuit sablé	9/95	10	17
palmier	1/95	20	21
crackers	2/96	23	3
brioche	2/96	24	26
pâte feuilletée	2/96	40	55
poudre pour sauce	2/96	10	18
soupe instantanée	2/96	6	17

Comme on peut le constater, il s'agit de produits faisant partie de l'alimentation quotidienne et dont certains pourraient même être vus comme des aliments santé (barres de céréales). Néanmoins, leur teneur en acides gras trans peut être fort importante et, dans ce contexte, la décision de Nutrition Canada d'inclure cette information sur l'étiquetage s'avère donc fort judicieuse.

Quelle est notre consommation d'acides gras insaturés trans ?

Elle est en progression : plusieurs études menées en Allemagne, en Grande-Bretagne et aux États-Unis montrent que 3,8 à 9,2 % des graisses consommées le sont sous forme trans.

Consommation estimée d'acides gras trans (Wolff, 1994)

Pays	Quantités
Espagne	1,5 g/jour
Italie	1,7
France	3,4
Grande-Bretagne	3,4
Allemagne	3,7
Pays-Bas	4,7
Belgique	4,9
États-Unis	8 à 13 (= 11 à 28 g/jour pour ENIG, 1990)
Canada	9 à 17

Ces chiffres sont confirmés par des prélèvements de tissu graisseux faits par plusieurs chercheurs chez des sujets humains de diverses nationalités.

Finalement, il faut mentionner que les margariniers savent parfaitement aujourd'hui comment faire des hydrogénations sans production d'acides gras trans (par l'interestérification technique). Il est donc à espérer que la mention du taux d'acides gras trans désormais indiqué sur l'emballage les incitera à procéder de la sorte.

Rappelons encore une fois que les acides gras insaturés trans ont les **mêmes effets que les acides gras saturés**. Comme eux, ils favorisent l'athérome et se stockent plus facilement en dépôts, formant des graisses de réserve.

Une étude hollandaise faite par Katan a, notamment, comparé l'effet de trois régimes qui apportaient chacun pendant une semaine 10 % des apports caloriques totaux, soit par de l'acide oléique (monoinsaturé cis), soit par des isomères monoinsaturés trans, soit par des acides gras saturés.

Les résultats sont tout à fait édifiants. Sous acides gras trans et par rapport à l'acide oléique cis :

- le cholestérol total augmente de 0,11 g/l ;
- le LDL-cholestérol («mauvais» cholestérol) augmente de 0,15 g/l ;
- le HDL-cholestérol («bon» cholestérol) diminue de 0,07 g/l ;
- les triglycérides augmentent de 0,11 g/l.

Toutes ces modifications (qui sont à 80 % celles provoquées par les acides gras saturés) renforcent donc le risque athérogène.

En 1993, Willett publie dans *Lancet* une étude qui fait date : elle compare la consommation d'acides gras trans chez 85 095 femmes et trouvent un risque relatif de 1,5 pour le taux d'infarctus du myocarde ou de décès par maladie coronarienne entre les personnes qui consomment le plus d'acides gras trans et celles qui en consomment le moins.

Le risque augmente donc de 50 %, et ce, de façon indépendante après avoir éliminé l'influence des autres facteurs de risque (tabagisme, consommation totale de lipides, consommation des divers acides gras saturés).

Dans cette étude, le risque est augmenté :

- de 67 % pour ceux qui consomment 4 cuillerées à café de margarine ou plus par jour, par rapport à ceux qui n'en consomment pas ;
- de 55 % à partir de 2 biscuits par jour ;

- de 43 % avec le pain blanc nord-américain (enrichi en shortening, qui est une graisse hydrogénée trans).

ACIDES GRAS OXYDÉS

Nous l'avons déjà vu, tout acide gras polyinsaturé est aussi très fragile à la **peroxydation**. Parmi les produits que nous achetons et que nous consommons tels quels, ce sont surtout les huiles de première pression à froid qui sont les plus vulnérables.

Mais la peroxydation peut aussi apparaître lors des fritures de corps gras.

Par ailleurs la peroxydation se fait surtout dans l'organisme, si notre consommation d'antioxydants n'est pas suffisante pour combattre les radicaux libres formés.

Les acides gras peroxydés sont aussi athérogènes que les acides gras saturés.

ACIDES GRAS HYDROGÉNÉS

Des acides gras hydrogénés peuvent apparaître dans des huiles raffinées et/ou chauffées.

L'hydrogénation est utilisée pour augmenter le point de fusion des huiles et étendre la durée de vie organoleptique des produits.

Cette hydrogénation fait aussi apparaître des formes trans.

Si l'on prend la peine de lire les étiquettes des produits alimentaires industriels, on peut y relever fréquemment la présence de « graisses hydrogénées » dans des conserves, plats préparés, pâtisseries, biscuits ou produits de panification. Cela devrait donc suffire à nous mettre en garde. Rappelons-le le taux d'acides gras trans sera désormais indiqué sur les emballages.

Ils sont également aussi athérogènes que les acides gras saturés.

LES PHYTOSTÉROLS

On les trouve dans les huiles, les olives, le cacao, le chocolat, les fruits et les légumes.

Ils font baisser le cholestérol total et le LDL-cholestérol, mais ne modifient pas le HDL-cholestérol ni les triglycérides. Cette action apparaît pour une consommation supérieure à 3 g/jour. Or, dans notre alimentation courante, nous n'en consommons qu'environ 300 mg/jour. D'où la récente mise au point de margarines enrichies à 8 % en phytostérols. En mangeant 20 g/jour de ces produits, on note dès la troisième semaine une baisse du cholestérol total de 14 % et du LDL-cholestérol de 17 %.

Seule interaction fâcheuse : la diminution de 20 % de l'absorption intestinale du bêta-carotène et du lycopène, deux puissants antioxydants...

QUELS LIPIDES CHOISIR EN PRÉVENTION CARDIOVASCULAIRE ?

Faut-il limiter l'apport de cholestérol alimentaire ?

Le cholestérol ayant été, dans des messages réducteurs, désigné à travers différentes campagnes, comme l'ennemi numéro 1, on a eu un peu trop tendance à se défier de sa consommation à travers les aliments qui en contiennent.

Ce que l'on a souvent omis de préciser, c'est que **le taux de cholestérol sanguin** dépend :
• à 25/30 % seulement de l'apport de cholestérol alimentaire ;
• 70/75 % du cholestérol est fabriqué par l'organisme lui-même dans le foie.

Il a ainsi été démontré que, si l'on baisse l'apport alimentaire de cholestérol à 20 %, le foie va automatiquement compenser en fabriquant les 80 % restants.

Il est donc peu efficace, contrairement à ce que l'on a cru pendant longtemps, de chercher à influencer le taux de cholestérol sanguin en agissant uniquement sur la quantité de cholestérol alimentaire ingéré. Ainsi, une augmentation de 100 mg/jour de la consommation de cholestérol n'entraîne qu'une maigre augmentation de 0,05-0,06 mmol/l du LDL-cholestérol et du cholestérol total.

L'OMS recommande toujours cependant que l'apport de cholestérol alimentaire ne dépasse pas 300 mg/jour, ce qui n'est plus tout à fait d'actualité. Car on a montré que, dès que l'organisme a fait le plein de sa ration de cholestérol alimentaire, tout excédent n'est plus assimilé.

Cependant, il semble que les hommes ne soient pas tous égaux dans ce domaine. Sans doute, en fonction d'une susceptibilité génétique différente, il y aurait 25 % de la population qui serait un peu plus sensible à l'importance de l'apport de cholestérol alimentaire, encore faudrait-il que leur consommation journalière dépasse 1 200 mg, ce qui est plutôt difficile à atteindre.

En conclusion, la prise en compte du cholestérol alimentaire n'a, sauf exception, que peu d'intérêt dans une démarche préventive.

Choisir des aliments contenant des phytostérols

On les trouve notamment dans :
- les oléagineux et leurs dérivés (huiles, olive, cacao, chocolat) ;
- les fruits ;
- les légumes.

Choisir judicieusement les acides gras

Schématiquement :
- on réduira l'apport des acides gras saturés, des acides gras polyinsaturés trans végétaux, et des acides gras peroxydés et hydrogénés ;

- on assurera un apport suffisant en acides gras polyinsaturés cis végétaux (séries oméga-3 et oméga-6), pour ne pas avoir de carence en acides gras essentiels. Mais on n'en apportera pas en excès non plus, en raison de leur fort risque de peroxydation ;
- on assurera un apport suffisant en acides gras polyinsaturés marins (série oméga-3), mais pas en excès non plus, car trop d'huiles de poisson peut aussi être nocif ;
- on augmentera, autant que faire se peut, l'apport en acides gras monoinsaturés et notamment grâce à la consommation d'huile d'olive.

Par ailleurs, il conviendra d'assurer un apport maximal en antioxydants pour assurer la protection des acides gras polyinsaturés. Car il faut éviter à tout prix qu'ils soient oxydés par les radicaux libres.

Mise en œuvre pratique de ces recommandations

Limiter l'apport :

- de viandes et charcuteries grasses ;
- d'abats ;
- de peau de volaille ;
- de laitages entiers ou demi-écrémés ;
- de pâtisseries, viennoiseries, biscuiteries, pains industriels ;
- d'autres produits finis contenant du gras sous forme solide ;
- de margarines emballées dans du papier ;
- d'huile de palme et de palmiste ;
- de noix de coco ;
- de beurre (maximum : 10 g de beurre frais/jour).

Privilégier de façon modérée :

- les viandes peu grasses ;
- les charcuteries peu grasses : jambon de Paris dégraissé ;
- le blanc de volaille (dinde, poulet) ;
- les poissons gras (sardines, thon, maquereau, saumon sauvage) 3 à 4 fois/semaine ;

- les laitages écrémés et les yogourts ;
- les fruits oléagineux : noix, noisettes, amandes, avocat ;
- le chocolat noir amer à plus de 70 % de cacao ;
- les margarines enrichies en oméga-3, en phytostérols et/ou en acide alpha-linolénique ;
- l'huile d'olive et de canola ;
- la graisse d'oie ou de canard.

Le cas spécial du fromage et des œufs

On a pendant longtemps accusé les fromages et les œufs d'être gras et riches en acides gras saturés. Ils étaient donc *a priori* à proscrire en prévention des maladies cardiovasculaires. Or de nombreuses études ont montré qu'il n'y avait pas nécessairement de corrélation entre la consommation de fromages et d'œufs et la fréquence des maladies cardiovasculaires. On peut donc en faire une consommation raisonnable.

Les fromages – Les lipides ne représentent en réalité que 19 à 33 % du contenu d'un fromage.

En France, le taux de matières grasses indiqué sur l'emballage correspond au pourcentage dans 100 g d'extrait sec, c'est-à-dire ce qui reste du fromage après lui avoir ôté toute son eau.

Ainsi un camembert étiqueté « 45 % de matières grasses » ne contient, en réalité, que 28 % de lipides pour 100 g de produit fini. C'est ce dernier pourcentage qui est indiqué sur l'étiquetage au Canada, et aussi désormais en France, en plus du pourcentage d'extrait sec.

Environ les deux tiers des matières grasses des fromages sont constituées de graisses saturées qui, une fois ingérées, devraient théoriquement faire augmenter le taux du cholestérol sanguin et favoriser l'apparition éventuelle d'un athérome. Il y a cependant peu de bonnes études épidémiologiques sur le sujet. Par exemple, le régime crétois, reconnu pour ses effets bénéfiques, renferme une bonne proportion de fromage mais il a aussi d'autres caractéristiques qui lui sont propres, de telle sorte qu'il est difficile d'évaluer l'effet spécifique du fromage. De plus, les fromages que nous mangeons n'ont pas nécessairement les mêmes caractéristiques que ceux que les Crétois (feta et mizithra) affectionnent.

Dans l'étude de l'Université Laval portant sur la méthode Montignac, les sujets mangeaient du fromage à volonté à la fin des repas du midi et du soir, ce qui n'était pas le cas lors de la diète contrôle et leur profil lipidique loin de se détériorer s'est amélioré. Cette amélioration était vraisemblablement due à un changement des apports glucidiques, mais ce qu'il faut retenir pour l'instant, c'est que la consommation accrue de fromage n'a pas eu d'effet négatif.

Les travaux de S. Renaud (INSERM) et L. Guegen (INRA) expliquent de la manière suivante le fait que les fromages puissent ne pas avoir d'effet nuisible : dans les graisses saturées, seules celles situées dans les triglycérides en position 2 sont bien absorbées par la paroi intestinale. Les acides gras qui sont situés en positions 1 et 3 peuvent, quant à eux, former dans l'intestin grêle des « savons » avec le calcium non absorbé, ce qui est le cas pour les fromages fermentés.

Cette formation de « savons » (qui seront ensuite éliminés dans les selles) est particulièrement favorisée dans deux cas :
• lorsque le fromage est très riche en calcium et pas trop gras. C'est-à-dire, pour être plus précis, lorsque le rapport graisses saturées/calcium est faible. Or, si la teneur en graisses saturées ne varie dans les fromages que de 12 à 25 g/100 g, par contre la concentration en calcium est très variable d'un fromage à l'autre. Elle va de 1 200 mg/100 g pour le gruyère à 120 mg/100 g pour les fromages de chèvre ;
• lorsque se forme, lors de l'affinage, un maximum d'acides gras capables de se combiner avec le calcium. Or c'est le cas

avec les fromages au lait cru, puisqu'on en a de 6 à 10 % dans un camembert au lait cru, alors qu'on n'en trouve que 3 à 5 % dans un camembert fait avec du lait pasteurisé.

De nombreux fabricants ont mis au point des produits avec un taux réduit de matières grasses. Un fromage est dit « allégé » quand il contient moins de 30 % de matières grasses en poids sec. Certains ont soutenu qu'on pouvait même descendre à 20 %, sans modifier le caractère même du fromage, c'est-à-dire sans altérer sa saveur, son odeur et son aspect, mais cela n'a jamais été démontré. Il est intéressant de noter qu'une enquête de l'Institut national de la consommation avait montré, en 1992, que certains fromages dits « allégés » contenaient beaucoup plus de lipides que ce qui était écrit sur l'étiquette, le double pour certaines marques !

Quoi qu'il en soit, si l'on est un amateur de fromages, il est préférable de garder toute la saveur et le goût d'un fromage réputé, plutôt que de consommer en plus grande quantité un pâle reflet de l'original. Quitte, par ailleurs, à ne consommer en laitages (lait, fromages blancs) que des produits à 0 % de matières grasses.

Néanmoins, il faut se souvenir que la consommation de fromage doit demeurer modérée et que, idéalement, elle ne devrait pas être accompagnée par du pain ou des biscottes, comme c'est l'habitude en Amérique du Nord. En effet, le pain et les biscottes à base de farine blanche ont un index glycémique élevé, qui entraîne une sécrétion accrue et néfaste d'insuline. Dans l'étude menée à l'Université Laval, les fromages étaient consommés seuls, sans pain ni biscotte. Du céleri ou du concombre peuvent être des substituts intéressants pour ceux qui veulent utiliser un support pour leur fromage.

De plus, compte tenu du peu de données épidémiologiques, ceux qui souffriraient d'hypercholestérolémie et qui voudraient faire une consommation modérée de fromage feraient bien de faire vérifier à nouveau leur bilan lipidique après un certain temps.

Les œufs – Sans lui dénier ses qualités exceptionnelles, l'œuf a souvent été accusé d'être « trop gras » et de contenir beaucoup de cholestérol.

Aussi, recommande-t-on à ceux qui ont un taux élevé de lipides dans le sang, des problèmes cardiovasculaires, notamment au niveau de leurs artères, d'éviter de manger des œufs ou tout au moins d'en limiter sérieusement la consommation.

En fait, il faut savoir que les lipides de l'œuf sont concentrés dans le jaune, le blanc n'en contient que 0,02 %.

L'œuf est très riche en cholestérol (220 mg/œuf), aussi a-t-on toujours dit (et continue-t-on malheureusement à dire...) que les œufs font augmenter le taux de cholestérol sanguin. Or il faut largement nuancer cette affirmation.

De fait, contrairement à ce qu'on a cru pendant longtemps, l'impact de la quantité de cholestérol contenue dans les aliments est beaucoup moins important que la nature des acides gras, sur le taux du cholestérol sanguin.

L'œuf contient des acides gras saturés *a priori* nocifs, mais leurs effets négatifs sont largement contrebalancés par la lécithine de l'œuf qui, elle, fait baisser le cholestérol.

Contrairement au cas du fromage, les études sont très claires en ce qui concerne les œufs. Quatre études au moins suggèrent que **l'œuf n'a pas d'effet négatif important sur le cholestérol sanguin :**
- la première (*Nutr Reviews*, 1983, 41, 9, 272-274) rassemblait des sujets de 21 à 35 ans. Elle a porté sur la consommation de trois œufs par jour en régime habituel. Ce qui correspondait à une ingestion totale de 975 mg de cholestérol alimentaire, en tenant compte des apports moyens de l'alimentation en plus des trois œufs, contre 412 mg dans la

série témoin. Le résultat fut édifiant : il n'y eut **aucune diffé-rence** lors du dosage du cholestérol sanguin dans les deux séries ;

- la deuxième étude, due à Dawber (*Amer J Clin Nutr*, 1982, 36, 617-625), a porté sur 912 sujets d'environ 50 ans, dont certains absorbaient peu d'œufs par semaine (0 à 2) et d'autres, une bonne quantité (7 à 24 pour les hommes et 5 à 18 pour les femmes). Le taux de cholestérol sanguin des deux groupes était comparable ;
- la troisième étude, rapportée par Kern (*New Engl J Med*, 1991, 324, 13, 896-899), relatait le cas d'un homme de 88 ans qui mangeait 25 œufs par jour depuis au moins 15 ans et dont le taux de cholestérol était tout à fait normal !
- la quatrième étude de F. B. Hu (*JAMA*, 1999, 281, 15, 1387-1394) confirme que la consommation d'œufs (jusqu'à 1 par jour) ne favorise pas les maladies cardiovasculaires. La con-clusion des auteurs est qu'en plus de l'effet de la lécithine, de la vitamine E et du bêta-carotène de l'œuf lui-même, ceux qui consomment des œufs mangent (statistiquement) moins de sucre, ils ont donc un HDL-cholestérol plus haut et des triglycérides plus bas.

Certains ont malgré tout voulu modifier en l'améliorant la composition des acides gras de l'œuf. Des modifications sont aujourd'hui possibles en changeant l'alimentation des poules. On a obtenu ainsi des œufs enrichis en acides gras polyinsa-turés oméga-3. Au lieu du 1 % d'oméga-3 contenu dans un œuf habituel, on en obtient 10,5 % avec une poule recevant dans son régime 10 % d'huile de lin et 9,6 % si elle consomme 10 % d'huile de poisson.

En résumé, une consommation modérée d'œufs (un ou moins par jour) apparaît acceptable et ne comporte pas de ris-que important pour la santé cardiovasculaire.

UTILISATION DES CORPS GRAS

Pour tartiner

Les corps gras solides sont à risque de contenir des acides gras saturés ou trans et on devrait les éviter le plus possible. Néanmoins, on peut accepter 10 g de beurre par jour, puis, lorsque cette ration est épuisée, privilégier une margarine, à base d'huile de canola par exemple, mais s'assurer qu'elle est à basse teneur en acides gras saturés et/ou trans (voir l'emballage).

Pour assaisonner

- À froid, pour les salades et crudités (outre le vinaigre ou le citron), faire des mélanges d'huiles :
  - soit d'huiles d'olive, de tournesol et de canola ;
  - soit d'huile d'olive et d'Isio 4 (pour mémoire : 1 cuillerée à soupe = environ 10 g d'huile).
- À chaud, au moment de servir un plat :
  - sur les légumes : une noix de beurre, mais de préférence un filet d'huile d'olive ;
  - sur les pâtes : un filet d'huile d'olive ;
  - dans un court-bouillon ou pour reprendre un jus de cuisson : une cuillerée à soupe de crème allégée.

Pour cuire

- Le gras en cuisine n'est absolument pas indispensable ; si besoin est, utilisez plutôt de l'huile d'olive (stable à la chaleur) ou de la graisse d'oie (riche surtout en acides gras monoinsaturés) ou une graisse en bombe aérosol.
- Ne jamais faire cuire les huiles de canola, de soja ou de noix. Utilisez éventuellement des huiles d'olive, d'arachide, de tournesol ou de maïs.
- Éviter le beurre et les margarines dures.

• Privilégiez chaque fois que c'est possible la cuisine à la vapeur, à l'étouffée, en papillote, au court-bouillon ou même la grillade, si elle est bien faite.

Les fritures

Elles sont anti-diététiques, indigestes et, pour des raisons évidentes, à déconseiller.

Cependant, si vous craquez de temps à autre pour une friture, voici au moins les précautions indispensables à respecter :

• utilisez une huile d'arachide, d'olive ou à la rigueur de tournesol ;
• ne dépassez pas la température de 180 °C, ce qui est plus facile à respecter avec une friteuse électrique ;
• éliminez, après chaque utilisation, les déchets noirâtres qui flottent (par filtration) ;
• entre deux fritures, conservez le bain à l'abri de la lumière et de la chaleur ;
• renouvelez impérativement entièrement le bain après huit fritures.

Ces conseils sont rarement respectés dans les comptoirs à frites ambulants où il est formellement déconseillé de consommer quoi que ce soit...

CHAPITRE XII

LE RÔLE ET LE CHOIX DES PROTÉINES

Les protéines forment la trame cellulaire de l'organisme, son architecture de soutien, qui se renouvelle en partie chaque jour. Elles sont constituées d'acides aminés qui en sont les éléments de base (comme les briques d'une maison).

Outre leur rôle structural essentiel, que l'on a découvert depuis longtemps, on commence à mieux connaître aujourd'hui d'autres effets des protéines, mais les études sont encore très limitées, beaucoup plus que par rapport aux glucides et aux lipides.

Par exemple, chez les sujets hypercholestérolémiques, on obtient une diminution du taux de «mauvais» cholestérol (LDL-cholestérol) en prescrivant la consommation de certaines protéines plutôt que d'autres. À la suite des premières études, on a cru que seules les protéines végétales avaient cette action bénéfique. On a découvert ensuite que cela n'était pas tout à fait exact. Les derniers travaux tendent à faire penser que cet effet dépend en réalité de la composition en acides aminés des protéines : le taux d'arginine, de méthionine et de cystine semble avoir une importance toute particulière.

Ainsi, les **protéines de soja** (25 g de protéines de soja quotidiennement), de pois et de légumineuses feraient baisser de façon significative le LDL-cholestérol.

Par contre, elles ont peu d'action si le taux de cholestérol est normal.

Il se peut aussi que cet effet requière la présence d'isoflavones de soja, ce que ne possèdent pas en particulier les présentations commerciales ayant subi un lavage à l'éthanol.

À ce titre, aux États-Unis, les produits de consommation courante contenant du soja se sont vu accorder (en octobre 1999, par la FDA) « l'allégation santé » dans la prévention des maladies cardiovasculaires.

Les acides aminés pourraient ainsi intervenir :
- soit par une influence sur les hormones thyroïdiennes,
- soit en modifiant l'absorption intestinale de certaines graisses,
- soit en modifiant l'activité insulinique.

Les **légumes secs** sont riches en arginine, acide aminé à l'origine de la synthèse de l'oxyde nitrique, qui dilate les vaisseaux. Il y a d'ailleurs une étude récente (Maxwell, *J Am Coll Cardiol*, 2002) suggérant que des barres nutritives à base de L-arginine pourraient améliorer la fonction vasculaire et la tolérance à l'exercice chez les patients souffrant de maladie coronarienne.

Dans le **lait**, on a également mis en évidence des protéines dont la composition en acides aminés n'est pas dénuée d'intérêt dans le domaine de la prévention cardiovasculaire. On y trouve notamment :
- un peptide obtenu par coupure de la bêta-caséine, qui permet de lutter contre l'hypertension artérielle ;
- un peptide, issu d'une kappa-caséine qui tend à empêcher la

formation de caillots, d'où une prévention des thromboses qui peuvent boucher les vaisseaux.

Mais pour tirer un réel bénéfice de cet effet des laitages, il faut évidemment les consommer écrémés à 0 % de matières grasses, dans la mesure où les lipides du lait sont en majorité composés d'acides gras saturés athérogènes.

Seul le **yogourt** a un statut à part : il fait baisser le cholestérol même s'il est au lait entier. Mais cette propriété particulière semble venir de certains ferments lactiques.

Le **gluten** (protéine du blé) favoriserait aussi l'hypocholestérolémie (Senouci).

Par ailleurs, il semble que, contrairement aux craintes, un régime à teneur élevée en protéines n'augmente pas le taux d'homocystéine qui, comme nous l'avons vu, est un facteur de risque cardiovasculaire. Il y a même une étude récente (Stolzenberg-Solomon, *Am J Clin Nutr,* 1999) qui rapporte un taux d'homocystéine nettement plus bas chez les gens qui consomment davantage de protéines.

CHAPITRE XIII

L'ÉQUILIBRE ENTRE GLUCIDES, LIPIDES ET PROTÉINES

La diététique classique considère que l'équilibre nutritionnel idéal est assuré par un apport de :

- 15 % de protéines,
- 55 % de glucides,
- 30 % de lipides.

Cet apport est préconisé qu'il s'agisse d'un sujet bien portant, d'un sportif, d'un obèse, d'un coronarien ou d'un diabétique...

On verra qu'il ne faut pas en rester à cette approche quantitative, mais voyons d'abord ces chiffres.

L'APPORT DE PROTÉINES

Pourquoi 15 % de protéines ?

Voyons quels raisonnements ont présidé au choix de ce chiffre, *a priori* « incontournable »...

On a calculé que pour renouveler correctement ses protéines détruites, l'organisme devait recevoir quotidiennement par l'alimentation 1 g de protéines par kilo de poids corporel (avec un minimum de 60 g par jour, même pour une femme qui ne pèserait que 50 kg).

Si un homme pèse 70 kg, il doit donc ingérer 70 g de protéines par jour, ce qui représente 280 kcal (puisque 1 g de protéines = 4 kcal). Si l'on considère que la ration énergétique courante d'un homme « moderne » semi-sédentaire est de 1 850 kcal, on voit que cette ration de protéines correspond effectivement à peu près à 15 % de son apport énergétique.

Si l'apport de protéines est moindre, que se passe-t-il ?

L'organisme manque de protéines pour effectuer ses « réparations » quotidiennes, aussi va-t-il les chercher là où il en trouve en réserve, c'est-à-dire dans les muscles. On a alors une fonte musculaire avec fatigabilité et perte de masse maigre (et non de la masse grasse), ce qui est catastrophique, voire dangereux.

En effet, un déficit en protéines entraîne aussi une baisse de l'immunité, d'où une plus grande vulnérabilité aux infections et aux cancers.

Si l'apport de protéines est trop élevé, que se passe-t-il ?

Lorsqu'un apport de 15 % assure le renouvellement des protéines, il semble que ce soit utile d'en augmenter la proportion si l'on a, par exemple, besoin de favoriser un amaigrissement. Or, comme nous l'avons vu, l'obésité est un facteur de risque important dont le traitement est souvent inefficace.

Dans ce contexte, plusieurs spécialistes de l'obésité ont donc préconisé une ration plus importante :
• le Pr Trémolières de l'hôpital Bichat, à Paris, proposait 23 % ;

- le Pr Creff, qui exerça à l'hôpital Saint-Michel, à Paris, conseillait 36 % ;
- le Dr Cohen de l'hôpital Bichat, à Paris, propose aussi 36 % ;
- le Dr Lecerf de l'Institut Pasteur de Lille préconise 21 % ;
- le Centre d'études international des vitamines a fait le bilan des apports nutritionnels de la méthode Montignac et il a constaté que le pourcentage des protéines était de 29 % (soit 1,3 g/kg de poids corporel/jour), tandis que lors de l'étude effectuée à l'Université Laval, on a noté que la méthode Montignac en régime libre *(ad libitum)* apportait 31 % de protéines ;
- plusieurs régimes populaires aux États-Unis (Atkins, The Zone, Protein Power, etc.) proposent aussi une augmentation de la ration protidique allant de 26 à 64 %.

Parmi les effets bénéfiques potentiels d'un apport hyperprotidique augmenté lors d'un régime amaigrissant, il y aurait :
- une amélioration du rassasiement et de la satiété, eu égard à un apport énergétique moindre ;
- une augmentation des dépenses énergétiques de base qui sont nécessaires pour le métabolisme des protéines, entraînant de ce fait une perte de poids plus efficace.

Cependant, les régimes amaigrissants préconisant un apport accru de protéines ont souvent eu mauvaise presse. En effet, reposant surtout sur une augmentation de l'apport en protéines animales, il en résultait par le fait même une augmentation de l'apport en graisses animales, pour la plupart néfastes sur le plan cardiovasculaires. Qui plus est, certains de ces régimes préconisent aussi une diminution généralisée de l'apport en glucides, ayant donc comme résultat une diminution de la consommation de fruits et légumes, reconnus comme ayant un effet bénéfique sur le système cardiovasculaire.

C'est le cas notamment du fameux régime Atkins, encore très populaire aux États-Unis à cause de sa relative efficacité pour perdre du poids, mais décrié sur de nombreuses tribunes à cause de son apport exagéré en acides gras saturés et de sa déficience en fibres, fruits et légumes.

C'est d'ailleurs dans ce contexte que le très puissant comité sur la nutrition de l'American Heart Association émettait encore très récemment (octobre 2001) une mise en garde contre les diètes ayant un apport élevé en protéines (High-Protein Diets). Malheureusement, cet avis négatif ne faisait aucune distinction entre les différents types de diète et plus particulièrement sur la nature spécifique des apports protidique, glucidique et lipidique qui pouvaient varier de façon importante d'un régime à l'autre.

Pourtant le dilemme est de taille, puisque diminuer la ration de lipides sans augmenter la proportion de protéines, comme le propose le même comité et la plupart des autres instances nutritionnelles, se soldera nécessairement par une augmentation de l'apport en glucides.

Et c'est effectivement ce qui s'est produit depuis les années 60 alors que la consommation relative de lipides en Amérique du Nord est passée de 40-42 % à environ 34 % tandis que la consommation de protéines demeurait stable aux environs de 15 % et que la proportion de glucides (souvent mauvais) passait de 45 à 50-55 %.

Parallèlement, les taux d'obésité et de diabète augmentèrent de façon exponentielle durant la même période et il est fort vraisemblable de penser que ces augmentations aient pu découler des changements dans le comportement alimentaire et en particulier d'une ingestion plus importante de glucides à index glycémique élevé.

La seule solution de rechange pour éviter les augmentations de poids aurait été bien sûr de restreindre de façon proportionnelle l'apport calorique en glucides, lipides et protéines mais, comme l'expérience nous le démontre, cette solution est impraticable puisqu'elle est basée sur la privation et aboutit inexorablement à une augmentation insoutenable de l'appétit.

Il faut donc constater que diminuer l'apport en lipides sans augmenter l'apport en protéines est malheureusement impossible sans qu'il y ait risque important de surpoids et, dans les faits, c'est probablement une des recommandations nutritionnelles qui a le plus contribué à l'augmentation effarante du taux d'obésité.

Pourtant, rien n'a jamais prouvé qu'une augmentation modérée de la ration de protéines puisse avoir un effet néfaste quelconque. Cette mauvaise réputation des protéines leur vient plutôt du fait des autres modifications qui peuvent parfois accompagner une augmentation de leur consommation, telle une augmentation de la consommation des graisses animales.

D'ailleurs, certains auteurs (Stolzenberg-Solomon et coll., *Am J Clin Nutr*, 1999 et Rimm et coll., *JAMA*, 1998) ont récemment observé qu'une consommation accrue de protéines pouvait améliorer le taux d'homocystéine ainsi que diminuer le risque de maladie coronarienne, les deux observations étant cohérentes puisque, comme nous l'avons vu, l'homocystéine est un facteur de risque à part entière pour la maladie coronarienne.

Ajoutons aussi que les Inuits mangent des quantités importantes de protéines (en moyenne 280 g /jour ou environ 3 g/kg de poids corporel) et que non seulement ils n'ont pas de problème rénal mais qu'ils présentent aussi une incidence très basse de maladies cardiovasculaires.

POUR UNE APPROCHE QUALITATIVE ET NON QUANTITATIVE

Pour nous, l'essentiel n'est pas tant de savoir combien de protéines, de glucides ou de lipides seront consommés en pourcentage, mais plutôt de **donner la priorité au QUALITATIF par rapport au QUANTITATIF.**

Ainsi, certains lipides sont plus athérogènes, alors que d'autres ont plutôt un effet protecteur. De même pour les glucides, il y a une énorme différence entre consommer des glucides à index glycémique élevé, entraînant un hyperinsulinisme néfaste et consommer des céréales de grain entier ainsi que des fruits et des légumes frais, qui ont un effet plutôt protecteur.

L'important est donc de savoir choisir la QUALITÉ de ses lipides et de ses glucides. Et ce faisant, il se peut fort bien, et il est même probable, que la proportion de protéines augmentera. Mais il s'agira alors soit de protéines végétales pouvant avoir un effet bénéfique soit de protéines animales provenant de poissons (ayant aussi des effets protecteurs par les acides gras polyinsaturés) ou alors de viandes très maigres, comme la volaille. Ces dernières sources de protéines n'ont rien à voir avec les protéines provenant de viandes plus grasses, comme les viandes rouges.

D'autant qu'une limitation sans distinction des lipides a potentiellement entraîné certains autres problèmes. Ainsi, les choix de lipides conseillés par les nutritionnistes n'étant jamais parfaitement suivis, la baisse d'apport des lipides s'est possiblement traduite par une ingestion insuffisante en oméga-3 et en vitamine E (qui se trouve dans les aliments riches en lipides) et à vouloir trop bien faire, on a peut-être obtenu l'effet inverse de ce qui était souhaité.

CHAPITRE XIV

L'INTÉRÊT DES ALIMENTS RICHES EN FIBRES

Les fibres sont longtemps restées «les parentes pauvres» de la nutrition, car la diététique classique, centrée sur les calories, s'était pendant longtemps concentrée presque exclusivement sur l'étude des nutriments énergétiques comme les protéines, les glucides et les lipides.

En matière «calorique», ils apportent en effet, en théorie :
- les protéines : 4 kcal/1 g ;
- les glucides : 4 kcal/1 g ;
- les lipides : 9 kcal/1 g.

En revanche, les fibres, non digestibles, semblaient n'avoir aucun impact sur l'apport énergétique.

On verra en fait que c'est loin d'être le cas, certaines apportent environ 2 kcal/1 g (car leur fermentation colique aboutit à la formation d'acides gras volatils absorbés dans le côlon et oxydables par l'organisme).

Le taux de fibres n'est d'ailleurs pas toujours mentionné sur les emballages d'aliments ou alors elles apparaissent sous le terme de «glucides indigestibles». Parfois, elles sont même incluses abusivement dans les glucides totaux.

DÉFINITION ET CLASSIFICATIONS

Définition

Les fibres sont des substances d'origine végétale, caractérisées par leur résistance aux enzymes digestives (salivaires, pancréatiques et intestinales).

Classification chimique

On en distingue deux types :
* Les **polysaccharides complexes** ou polyholosides qui ne peuvent être digérés par les enzymes digestives, mais sont susceptibles de l'être par la flore colique, avec apparition de gaz et d'acides gras volatils (acides acétique, butyrique et propionique). C'est pourquoi ces fibres fournissent un apport en lipides qui peut arriver à constituer 2 à 7 % de l'apport énergétique total quotidien.
* La **lignine :** comme elle ne constitue pas un glucide complexe (elle est à base de phénylpropane), la lignine est totalement indigestible.

Classification selon la solubilité

* Les **fibres insolubles** sont :
  – la cellulose ;
  – la plupart des hémicelluloses ;
  – la lignine.

Ces fibres forment généralement l'enveloppe des végétaux, les protégeant ainsi des agressions extérieures : humidité, sécheresse, changements de température, prédateurs. Plus un végétal «vieillit», plus il devient fibreux et donc plus sa teneur en fibres insolubles augmente.

Peu hydrophiles (avides d'eau), les fibres insolubles ne captent que 3 à 5 fois leur volume d'eau.
* Les **fibres solubles** sont :
  – la pectine ;

- les gommes (karaya, guar, arabique);
- les mucilages (psyllium, ispaghule, graines de lin);
- les alginates (carragahen),
- certaines hémicelluloses (bêta-glucanes de l'orge et de l'avoine).

Elles représentent plutôt les fibres internes des végétaux et constituent un de leurs modes de réserve énergétique.

Très hydrophiles, elles retiennent 20 à 40 fois leur poids en eau et forment des gels.

C'est surtout la dégradation colique de la pectine et des gommes qui forme les acides gras volatils du côlon droit.

LES SOURCES DE FIBRES

Dans quels aliments courants trouve-t-on les fibres?

ALIMENTS	CELLULOSE	HÉMICELLULOSE	LIGNINE	PECTINE
Fruits	25 %	35 %	20 %	20 %
Légumes	40 %	38 %	21 %	1 %
Céréales	20 %	65 %	6 %	9 %

Ces différentes fibres se répartissent de façon variable selon les aliments :

FIBRES	ALIMENTS
Cellulose	fruits légumes céréales
Hémicellulose	céréales complètes légumineuses
Lignine	pépins des fruits légumes (fils des haricots verts) céréales
Pectine	fruits (notamment les pommes) légumes
Gommes	légumes orge et avoine légumineuses

Rappelons que pour les céréales ou les farines qui en sont dérivées, le taux de fibres est directement corrélé avec le taux d'extraction, lors du blutage ou du raffinage.

CONCENTRATION EN FIBRES DES PRINCIPAUX ALIMENTS	Total des fibres	Fibres solubles (en g/100 g de produit)
CÉRÉALES		
son de blé	38	5
son d'avoine	16	8
pain intégral	10,5	2,7
pain complet	9	2,6
pain de seigle	6,7	1,4
pain de campagne	5	2
pain blanc	2,7	1,9
maïs (grain)	3,7	1,6
avoine décortiquée	9	3
flocons d'avoine (crus)	8	3,2
riz brun	2,8	0,1
riz blanc	1,6	0,2
pâtes complètes (crues)	9,3	0,6
pâtes blanches (crues)	3	1,2
TUBERCULES		
pomme de terre	1,6	1
LÉGUMINEUSES		
haricots blancs secs	20	9
pois chiches crus	22	7
pois cassés secs	18	6
lentilles	9	3
LÉGUMES VERTS		
Chou (cru)	6	3
Petits pois	4,4	2,8
Carotte	3	1,5
Poireau	3	1,5
Oignon	2,5	1,3
Aubergine	3	1,1
Tomate	1,1	0,5
Laitue	1,5	0,7

FRUITS FRAIS		
Pomme	1,7	0,7
Mangue	3	1,5
Orange	2,1	1,3
Abricot	2,1	1,2
Prune	1,6	0,9
Banane	1,3	0,7
FRUITS SECS		
Figue sèche	17	8
Pruneau	13	5,2
Raisins secs	6,5	3
Datte sèche	9	4
Abricot sec	3	1,6

Le calcul de la teneur en fibres est difficile à réaliser et on sait désormais que certaines méthodes anciennes de dosage étaient fausses, car elles détruisaient une partie des fibres.

Lorsqu'on parle de la teneur en fibres d'un aliment qui se mange généralement cuit, il faut toujours bien savoir si l'on parle de l'aliment frais cru ou de l'aliment cuit prêt à consommer.

Dans ce dernier cas, en fonction de la quantité d'eau absorbée au cours de la cuisson, le taux de fibres pour 100 g d'aliment est très différent. Ainsi 100 g de haricots blancs secs et crus contiennent 25 g de fibres, mais 100 g de haricots blancs cuits n'en ont plus que 4,5 g/100 g, compte tenu de l'hydratation due à la cuisson.

COMBIEN FAUT-IL CONSOMMER DE FIBRES PAR JOUR ?

Notre consommation quotidienne de fibres devrait atteindre 30 à 40 g dont 70 % apportés par les céréales (céréales du petit déjeuner, pain intégral ou complet, riz complet, pâtes intégrales ou complètes).

Mais depuis le début du XXᵉ siècle, avec l'amélioration du niveau de vie, l'alimentation s'est beaucoup appauvrie en fibres. Outre la diminution de la consommation de pain et le raffinage de la farine, nous mangeons moins de dérivés céréaliers (-54 %) et les nouvelles habitudes alimentaires nous ont progressivement entraînés à consommer des aliments ne contenant pas de fibres : farines blanches, riz blanc, sucreries (+25 %) et viandes considérées comme « aliments plus nobles » (+25 %).

Ainsi, malgré l'augmentation de la consommation de fruits et de légumes, l'apport quotidien de fibres a peu à peu diminué. Par exemple, en France, il était de :
- 31 g en 1900 ;
- 20 g en 1970 ;
- 17 g en 1990.

De plus, l'origine céréalière des fibres consommées a beaucoup diminué puisque la répartition actuelle est la suivante :
- légumes verts : 29 % ;
- céréales : 26 % ;
- racines et tubercules : 20 % ;
- fruits : 20 % ;
- légumes secs : 5 %.

EFFETS DES FIBRES SUR L'ORGANISME

Leur action physiologique est fonction :
- de leur pouvoir de rétention d'eau ;
- de leur capacité d'absorber des substances d'origine organique ;
- de leur potentialité de fermentation.

Propriétés des fibres insolubles :
- elles augmentent la rapidité du transit intestinal :
  - en accélérant la vidange gastrique ;
  - en humidifiant le bol fécal ;
  - en rendant les selles plus volumineuses ;

– en facilitant leur expulsion, car les selles sont non fragmentées ;
• elles diminuent le risque de survenue d'un cancer du côlon ou du rectum ;
• elles préviennent l'apparition de calculs dans la vésicule biliaire ;
• elles inhibent en partie l'action de la lipase pancréatique, d'où une discrète action dans la lutte contre l'hypercholestérolémie ;
• elles diminuent le taux de sucre (glycémie) et par voie de conséquence le taux d'insuline, prévenant ainsi l'hyperglycémie et l'hyperinsulinisme, facteurs de risque cardiovasculaires retrouvés chez les diabétiques de type II, chez les obèses et chez certains hypertendus. Cette action est notable, même si elle est moins nette que celle des fibres solubles. On le constate si l'on compare la réponse glycémique et insulinique après absorption de farine de blé complète ou blanche, que ce soit chez des sujets sains ou chez des diabétiques ;
• elles ne gênent pas l'absorption digestive des sels minéraux et des oligoéléments (sauf peut-être parfois du zinc), tant qu'on n'en consomme pas plus de 30 g par jour.

Propriétés des fibres solubles

En absorbant une grande quantité d'eau, elles forment :
• soit des solutions épaisses, pour les gommes ou les hémicelluloses d'orge et d'avoine ;
• soit des gels, pour la pectine ou les alginates.

Ainsi :
• elles procurent une sensation de satiété précoce ;
• elles ralentissent la vidange gastrique ;
• elles diminuent l'absorption d'une partie des glucides et des lipides au niveau de l'intestin grêle.

EFFETS DES FIBRES SUR LES HYPERLIPÉMIES

On parle d'hypercholestérolémie ou d'hyperlipémie lorsque, dans le sang, existe un taux trop élevé de cholestérol total, de LDL-cholestérol («mauvais» cholestérol) et/ou de triglycérides.

Des études épidémiologiques suggèrent que le taux de mortalité par maladies cardiovasculaires est quatre fois moindre chez les individus qui ingèrent en moyenne plus de 37 g de fibres par jour que chez ceux qui en consomment moins de 20 g.

Certains chercheurs ont tendance à penser que l'effet des fibres n'est à attribuer qu'à un simple déplacement des habitudes alimentaires : si les gens mangent plus d'aliments glucidiques riches en fibres, ils consomment fatalement moins de viande et donc moins de graisses saturées. Il semble cependant que cette vision soit un peu simpliste, même si elle fait partie des éléments d'explication.

Les fibres solubles ont en effet une action spécifique :
- elles accentuent l'élimination des sels biliaires qui sont à l'origine fabriqués par le cholestérol. Cette évacuation supplémentaire dans les selles entraîne une élimination plus importante du cholestérol et donc une diminution de son taux sanguin ;
- elles majorent l'élimination des stérols (dont le cholestérol), qui sont évacués dans les selles ;
- elles séquestrent une partie des glucides intestinaux, ce qui diminue le flux hépatique de glucose, d'où une moindre synthèse de LDL-cholestérol par le foie ;
- elles aboutissent, après fermentation colique, à la formation d'acides gras volatils qui, absorbés, diminuent la synthèse endogène de cholestérol.

LES VERTUS DES CONDIMENTS

Le basilic

Très riche en potassium (3,2 g/100 g), en calcium (2,1 g/100 g) et en magnésium (420 mg/100 g), il peut jouer un rôle dans la prévention cardiovasculaire en faisant baisser la tension artérielle.

L'ail

Ses effets de protection cardiovasculaire sont bien connus. Il inhiberait l'agrégation plaquettaire et rendrait donc le sang plus fluide, évitant la formation de caillots.

Il diminuerait aussi des facteurs de risque de maladies cardiovasculaires tels les triglycérides, le cholestérol total et le LDL-cholestérol, sans abaisser le HDL-cholestérol.

Les piments

Leur principe actif, la capsicaïne, agirait favorablement sur la coagulation sanguine, prévenant ainsi la formation de caillots et la survenue de thromboses.

CHAPITRE XV

LE CHOIX DES BOISSONS
DANS LA PRÉVENTION CARDIOVASCULAIRE

LE VIN

Il y a plus de 60 études prospectives suggérant une relation inverse entre une consommation modérée d'alcool, en particulier le vin, et l'incidence de maladie coronarienne. La consommation plus importante de vin en France est aussi l'une des explications le plus souvent proposée à l'appui du fameux « paradoxe français », correspondant au fait que la mortalité par maladie coronarienne est deux fois moins élevée en France qu'aux États-Unis (voir Goldberg, *Circulation*, 2001).

Le vin contient plus de 800 substances dont seulement quelques-unes ont fait l'objet d'études approfondies ces dernières années. Outre les substances qui seront passées en revue dans ce chapitre en évoquant leurs effets, le plus souvent positifs sur le plan cardiovasculaire, il est possible que bien d'autres substances aient des effets intéressants dans ce domaine, mais leur rôle n'a pas encore été bien établi.

L'alcool

Le vin contient environ 80 g d'alcool par litre. On considère donc schématiquement qu'un verre de vin apporte 10 g d'alcool pur.

Mais cette dose est bien évidemment variable en fonction du degré alcoolique du vin :
- vin de 9° : 75 g/l ;
- vin de 10° : 80 g/l ;
- vin de 11° : 88 g/l ;
- vin de 12° : 96 g/l.

La dose d'alcool est elle-même fonction du contenu en sucre du raisin ou de l'enrichissement réalisé par chaptalisation.

Effets de l'alcool sur le LDL-cholestérol

Le LDL-cholestérol («mauvais» cholestérol) augmente brutalement en cas de consommation massive de vin dans un laps de temps très court.

Inversement, lorsque le vin est consommé de façon modérée et régulière, il y a une minime baisse du taux de LDL-cholestérol.

L'expérimentation montre que chez des hommes de 30 à 47 ans à qui l'on fait boire 75 g d'alcool par jour (60 cl de vin à 12°), le LDL-cholestérol baisse de 1,41 à 1,39 g/l par rapport à la période d'abstinence.

Effets de l'alcool sur le HDL-cholestérol

Le HDL-cholestérol («bon» cholestérol) est en fait constitué de deux sous-fractions :
- le HDL 2 qui a un effet de protection cardiovasculaire, il nettoie les artères de leurs dépôts graisseux ;
- le HDL 3 qui n'a pas d'effet de prévention cardiovasculaire.

Pendant longtemps les spécialistes se sont disputés, certains ayant affirmé que l'alcool n'augmentait que le HDL 3 et non pas le HDL 2-cholestérol. Dans l'état actuel des connaissances, on peut dire que les effets de l'alcool sont variables selon les doses ; on obtient :

- à moins de 40 g/jour :
  - une discrète augmentation du HDL 2 ;
  - une nette augmentation du HDL 3 ;
- entre 60 et 80 g/jour :
  - une nette augmentation du HDL 2 ;
  - une augmentation plus faible du HDL 3 ;
- pour 85 g/jour et + :
  - pas d'augmentation du HDL 2 et de fait le risque coronarien est augmenté de 50 à 60 % pour cette consommation.

Mais cette augmentation bénéfique du HDL-cholestérol :
- n'existe que si le foie est sain ;
- est faible chez les obèses ;
- est plus nette chez l'homme que chez la femme ;
- n'est nette qu'en cas de consommation régulière (quotidienne) de vin.

De plus, il y a une grande disparité dans l'augmentation du HDL-cholestérol, car, pour une même dose d'alcool, elle peut varier de + 14 % à + 72 %.

Cela s'explique par l'influence sur le taux d'HDL-cholestérol d'autres paramètres :
- le degré d'hyperinsulinisme ;
- le pourcentage de graisse corporelle ;
- la composition de cette graisse, qui dépend des types d'acides gras consommés ;
- l'importance de l'activité physique ;
- l'hérédité.

Il y aurait donc des sujets «bons répondeurs» à l'alcool et des sujets «mauvais répondeurs». De récentes études tendent à prouver que cette différence est d'origine génétique.

C'est pourquoi on considère que l'action de l'alcool sur le HDL-cholestérol n'explique probablement qu'une partie de l'effet protecteur du vin sur la pathologie coronarienne.

Action de l'alcool sur les triglycérides

On peut avoir une légère augmentation du taux des triglycérides dans le sang pour une consommation d'alcool régulière dépassant 40 g/jour. La réponse individuelle sera variable et plus marquée chez les individus prédisposés à l'hypertriglycéridémie.

Également, le taux de triglycérides peut s'élever de façon significative après un repas où l'on boit du vin. Cependant, on connaît mal le risque de ces brusques élévations des triglycérides.

Action de l'alcool sur la coagulation sanguine

Un sang trop «épais», de par sa viscosité augmentée, aura plus volontiers tendance à former un caillot qui peut aller boucher une artère par thrombose. Or l'alcool «fluidifie» le sang par au moins trois mécanismes différents :

- **il diminue l'agrégation des plaquettes sanguines** (Renaud, *Lancet,* 1992) qui sont à l'origine de la formation d'un caillot au niveau d'une lésion athéromateuse d'une artère. Il existe d'ailleurs des évidences suggérant que le vin est plus efficace que d'autres formes d'alcool à cause notamment de ses polyphénols et en particulier du resvératrol.

La baisse de cette agrégation serait d'ailleurs plus nette encore chez les gros mangeurs de graisses saturées – ce qui est une chance pour eux !

Ainsi, il serait préférable de boire du vin lors d'un repas riche en graisses saturées bien qu'il ne faille pas y voir là une police d'assurance couvrant la consommation habituelle de tels repas;

• **il diminue la fabrication de fibrinogène, substance** intervenant aussi dans le mécanisme de formation des caillots;

• **il inhibe l'expression du facteur tissulaire des cellules vasculaires** qui lui aussi peut contribuer à la formation de caillots.

Ces effets bénéfiques de l'alcool sur la coagulation persistent à jeun si la consommation de vin est quotidienne.

Par contre en cas de forte alcoolisation brutale (excès du week-end), l'agrégabilité des plaquettes baisse brusquement. Cela peut favoriser un saignement discret, voire une hémorragie. Mais si le sujet y échappe, il se produit le lendemain un effet rebond avec une importante hypercoagulabilité du sang. D'où le gros risque d'accident vasculaire par thrombose le lundi, après une alcoolisation massive du week-end suivie d'un sevrage brutal.

C'est notamment en raison de ce mécanisme que l'on insiste sur la nécessité d'une consommation de vin plutôt quotidienne qu'épisodique. Une consommation excessive lors de festivités ou du week-end risque d'aboutir à un accident vasculaire le lundi. C'est un phénomène que l'on constate entre autres dans les pays scandinaves, où l'on s'enivre le samedi ou le dimanche (avec des spiritueux et non du vin), alors que l'on boit de l'eau (ou du lait!) tout le reste de la semaine.

Effets pro-antioxydants de l'alcool

Une trop forte consommation d'alcool (au-delà de 60 g/jour) **crée des radicaux libres** qui oxydent les LDL. Or des lipides LDL oxydés sont particulièrement athérogènes, comme nous l'avons vu précédemment.

Par ailleurs, le vin aurait des propriétés antioxydantes de par les **polyphénols** qu'il contient et pour plusieurs, c'est ce qui expliquerait sa supériorité par rapport aux autres alcools pour prévenir les maladies cardiovasculaires. L'idéal serait donc une consommation modérée de vin, limitant ainsi la formation de radicaux libres dus à l'alcool et bénéficiant au contraire des effets antioxydants du vin.

Polyphénols

Classification

Leur classification est très compliquée, car elle a changé plusieurs fois et les divers chercheurs ne sont d'ailleurs pas arrivés à se mettre d'accord sur la terminologie à adopter. Aussi, sans entrer dans des considérations biochimiques complexes, peut-on distinguer :
- les flavonoïdes proprement dits, qui comprennent :
  - les flavones ;
  - les flavonols dont la quercétine et la rutine ;
  - les isoflavones ;
  - les flavanones ;
  - les flavanonols ;
- les chalcones ;
- les anthocyanes ;
- les flavanols qui comprennent selon le degré de polymérisation :
  - des monomères : catéchine, épicatéchine ;
  - des dimères : procyanidols ;
  - des oligomères : proanthocyanidols ;
  - des polymères : tannins ;
- le resvératrol ;
- les acides phénoliques :
  - acide cinnamique ;
  - acide gallique ;
  - acide caféïque.

En fait, sur le plan des effets physiologiques, on distinguera rarement les effets de chacune de ces substances, dont la distinction individuelle n'a que très peu d'intérêt pour le non-spécialiste.

À l'origine, les polyphénols se trouvent dans le raisin; par exemple pour le cépage cabernet sauvignon :
• à 62 % dans les pépins (ils passent facilement dans le moût lors de la macération);
• à 33 % dans les pellicules;
• à 4 % dans le jus;
• à 1 % dans la pulpe pressée.

Pour les autres cépages, les proportions peuvent être différentes. Ainsi, selon le cépage et le mode de vinification (temps de macération notamment), les polyphénols sont plus ou moins présents dans le moût; on en retrouve :
• 60 % lors d'une vinification rouge traditionnelle,
• 40 % en cas de macération carbonique,
• 33 % par vendange éraflée.

Mécanismes de protection cardiovasculaire des polyphénols

Effet de protection des capillaires

Les polyphénols (surtout la catéchine et l'épicatéchine) multiplient par deux la résistance capillaire, d'où un moindre risque hémorragique. C'est ce qu'on appelle l'effet vitaminique P.

Protection du collagène (travaux du Pr Masquelier)

L'athérome se forme plus volontiers lorsqu'il y a des dégradations des protéines des parois vasculaires, qui sont constituées de cellules musculaires lisses entourées de protéines de structure. Parmi celles-ci, les fibres de collagène et d'élastine confèrent à l'ensemble solidité et élasticité.

Or les polyphénols seraient capables de créer entre les chaînes de collagène des ponts qui renforcent la solidité de l'ensemble, comme des barreaux horizontaux renforcent une grille faite de barreaux verticaux.

La plaque d'athérome se forme plus volontiers s'il y a un excès de perméabilité de la paroi artérielle due à un excès d'histamine tissulaire. Or les polyphénols (surtout les catéchines) inhibent une enzyme (l'histidine-décarboxylase), qui permet la transformation de l'histidine (acide aminé inoffensif) en histamine (toxique).

Effet antioxydant

L'intérêt du vin consommé à faibles doses est de former peu ou pas de radicaux libres dans le corps, mais au contraire d'apporter l'effet antiradicalaire des polyphénols (travaux du Pr Masquelier dès 1982).

Cette action antioxydante est puissante, puisqu'elle est 50 fois plus efficace que celle de la vitamine E, qui sert habituellement de référence.

Le vin, même dilué 1 000 fois, possède encore la capacité d'inhiber l'oxydation des LDL à un niveau très supérieur à celui obtenu par la vitamine E.

L'inhibition de l'oxydation des LDL varie de (étude Frankel, 1995) :
- 46 à 100 % pour les vins rouges (qui contiennent en moyenne 2 500 mg/l de polyphénols) ;
- 3 à 6 % pour les vins blancs (qui contiennent en moyenne 240 mg/l de polyphénols).

Frankel (1995) a montré aussi que l'inhibition de l'oxydation des LDL varie de :
- 10 à 30 % pour des vins ayant subi un temps de macération court ;
- 68,5 à 98 % pour ceux qui ont eu un temps de macération plus long.

En comparant divers cépages subissant une longue macération, on a obtenu :
- 50 % d'inhibition pour le grenache,
- 60 % pour le merlot,
- 44 % pour le cabernet sauvignon.

La catéchine a un effet antioxydant net : 30 cl de vin rouge, qui apportent environ 80 mg de catéchine, multiplient le taux sanguin de catéchine par 14, 3 heures après son absorption. Cela permet d'inhiber l'oxydation des LDL à 80 % pendant 24 heures.

La quercétine et le resvératrol ont également une action antioxydante notable ou diminuent la toxicité des lipoprotéines oxydées.

Les flavonoïdes diminuent aussi le taux des diènes conjugués, produits toxiques nés de la peroxydation.

L'effet cofacteur de la vitamine C des polyphénols renforce l'action antioxydante de cette vitamine.

Action sur les plaquettes

Comme l'alcool, les polyphénols inhibent l'agrégation plaquettaire. L'étude de Folts (1995) montre que cette inhibition est obtenue avec :
- 4 ml/kg de vin rouge contenant 119 mg/l de quercétine et 76 mg/l de rutine ;
- 10 ml/kg de jus de raisins rouges contenant 86 mg/l de quercétine et 82 mg/l de rutine ;
- 4 ml/kg de vin blanc restent sans effet, celui-ci contenait 25 mg/l de quercétine et 14 mg/l de rutine.

Le Pr Renaud (1995) a montré qu'un vin rouge à 6 % d'alcool inhibe l'activité plaquettaire d'environ 60 %, inhibition comparable à celle obtenue avec une solution alcoolique de même degré.

Mais lors du sevrage, l'activité des plaquettes sanguines des animaux de laboratoire recevant de l'alcool est augmentée de 2,5 (effet rebond), alors que l'agrégabilité plaquettaire reste diminuée chez ceux qui reçoivent du vin rouge. L'effet du vin blanc est intermédiaire.

C'est la seule étude qui montre que la prise de vin (rouge) peut être bénéfique même si elle n'est pas quotidienne.

Bertelli (1995) a montré que le resvératrol, à une concentration de 3,56 microg/l, inhibe l'agrégation plaquettaire à 50,3 % et à 41,9 % pour une concentration de 1,2 microg/l (= un vin rouge dilué 1 000 fois). Or le resvératrol est dans le vin à une concentration moyenne de 4,7 mg/l.

Concentration des vins en polyphénols

Elle dépend :
• de la richesse en polyphénols du cépage ;
• du mode d'élaboration du vin (type et temps de macération) ;
• de l'année de cru.

Elle est plus importante pour les vins rouges, car les anthocyanes présents dans la peau des raisins noirs qui restent longtemps en macération, se retrouvent à forte concentration dans le vin.

Vins d'Alsace	vins blancs	190 à 250 mg/l
Beaujolais	vins rouges	1 910 à 2 280 mg/l
Bordeaux	vins blancs	200 à 450 mg/l
	vins rouges	1 500 à 3 200 mg/l
Vallée du Rhône	vins blancs	10 à 130 mg/l
	vins rosés	250 mg/l
	vins rouges	1 200 à 2 600 mg/l
Bourgogne	vins blancs	140 à 230 mg/l
	vins rouges	1 200 à 1 800 mg/l

Champagne		160 à 330 mg/l
Val de Loire	vins blancs	25 à 280 mg/l
	vins rouges	1 200 à 1 900 mg/l
Languedoc	crémant	27 mg/l
Roussillon	vins blancs	130 à 250 mg/l
	vins rouges	1 300 à 3 000 mg/l
Provence-Corse	vins rosés	250 à 280 mg/l
	vins rouges	1 200 à 2 500 mg/l
Sud-Ouest	vins blancs	230 à 370 mg/l
	vins rouges	1 300 à 3 150 mg/l

Rappelons que les apports nutritionnels quotidiens conseillés pour les polyphénols sont de 200 mg.

En ce qui concerne **la bière et le cidre**, si les polyphénols (présents aussi en amont du processus d'élaboration) confèrent à ces boissons des qualités organoleptiques appréciées par certains, les industriels les suppriment en grande partie, car ils nuisent à la stabilité de ces deux produits.

Par ailleurs, le Pr Vinson a montré en 1995 que certains polyphénols des vins blancs, bien qu'en faible quantité, ont un effet antioxydant supérieur à celui de certains polyphénols des vins rouges.

Rechercher une forte concentration en polyphénols dans un vin ne suffit donc pas ; encore faudrait-il déterminer leur nature et leurs pouvoirs antioxydants respectifs...

Mais on n'en est pas encore là ! Et de toute manière, ce ne sont pas des indications que l'on risque de voir apparaître prochainement sur les étiquettes de nos grands crus !

Comme on l'a vu, le jus de raisin contient une concentration non négligeable de polyphénols, mais leur effet antioxydant à ce stade est moindre du fait de leur instabilité et de leur difficulté à passer la barrière intestinale. Dans le vin, au contraire, grâce au milieu alcoolique dans lequel ils se trouvent, non seulement ils sont stables mais ils bénéficient d'une absorption optimale au niveau intestinal.

Ainsi un jus de raisin frais ou un vin sans alcool aura des effets physiologiques inférieurs à un vin.

Fibres

Le vin contient des polyosides, qui sont en fait des fibres solubles : pectine et gomme.

Leur taux dans les différents vins est variable selon les cépages d'origine : il y en a, par exemple, très peu dans la syrah ou le chenin et beaucoup dans l'alicante-bouschet (600 à 1 000 mg/l).

Elles confèrent leur moelleux à certains vins.

Les fibres du vin ont été malheureusement peu étudiées, mais on connaît quand même quelques-unes de leurs propriétés :
• elles se lient aux protéines riches en proline, qui facilitent le transport des polyphénols dans le sang ;
• elles diminuent l'absorption intestinale des lipides et notamment des graisses saturées, nocives sur le plan cardio-vasculaire ;
• elles diminuent l'hyperinsulinisme et contribuent à corriger l'insulinorésistance, deux facteurs connus d'artériosclérose.

Aspirine

Depuis de nombreuses années, on utilise en cardiologie l'aspirine en prévention secondaire. C'est en effet le médicament le plus utilisé pour diminuer le risque de récidives d'infarctus du myocarde ou de thrombose après un pontage coronarien.

L'aspirine agit en inhibant l'agrégation plaquettaire et en ayant un effet protecteur contre la vasoconstriction qui rétrécirait encore le calibre artériel. On l'utilise habituellement à raison de 80 à 325 mg/jour.

Or, on vient de montrer que les vins contiennent de l'aspirine : environ 30 mg/l dans les vins blancs, un peu plus dans les vins rouges, ce qui pourrait donc expliquer aussi une partie de leurs effets bénéfiques.

Par contre, notons aussi que la prise de 600 mg d'aspirine après avoir bu du vin, augmente l'alcoolémie de 38 %. Ainsi chez des hommes ayant pris de l'aspirine avant de boire un verre et demi de vin, l'alcoolémie passe de 0,20 à 0,50 g/l. Donc pas d'aspirine au sortir d'un dîner où l'on a bu des boissons alcoolisées pour prévenir une migraine, surtout si l'on doit prendre le volant...

LE VIN VS LES AUTRES ALCOOLS

Compte tenu du rôle évident de l'alcool du vin comme facteur de prévention cardiovasculaire, même si, comme nous l'avons vu, d'autres substances qu'il contient ont des effets bénéfiques, il était important de se demander quel était l'impact réel des autres boissons alcoolisées comme la bière ou les spiritueux (apéritifs : whisky, gin, vodka et digestifs : cognac, alcools de fruits, etc.).

La première étude pour répondre à cette question a été effectuée au Danemark par Gronbaek (*British Medical Journal*, 1995), et elle portait sur 12 000 sujets :

Mortalité cardiovasculaire			
Consommation	Bière	Vin	Spiritueux
jamais	1,00	1,00	1,00
mensuelle	0,79	0,69	0,95
hebdomadaire	0,87	0,53	1,08
1 à 2 verres/jour	0,79	0,47	1,16
3 à 5 verres/jour	0,72	0,44	1,35

La mortalité cardiovasculaire diminue donc avec la consommation de bière et surtout de vin (presque deux fois plus pour deux verres par jour). Par contre, elle augmente avec la consommation de spiritueux.

Autres causes de décès			
Consommation	Bière	Vin	Spiritueux
jamais	1,00	1,00	1,00
mensuelle	0,82	0,86	0,80
hebdomadaire	1,02	0,80	0,92
1 à 2 verres/jour	0,96	0,75	0,81
3 à 5 verres/jour	1,22	0,50	1,36

Par contre, dès le troisième verre de bière quotidien, on note une augmentation des causes de décès autres que cardiovasculaires (+ 22 %), ce qui indique qu'en buvant de la bière on augmente le risque de décès en général.

Cette étude montre donc qu'il n'y a qu'avec le vin que l'on diminue à la fois les risques de décès cardiovasculaires et ceux liés à toutes les autres causes.

Mais outre le choix de la boisson alcoolisée, le mode d'alcoolisation compte aussi :
• si les Nord-Américains consomment 57 % de bière, 37 % de spiritueux et 6 % de vin, cette consommation se fait surtout en dehors des repas ;
• les Français, quant à eux, consomment 23 % de bière, 19 % de spiritueux et 58 % de vin, mais cette consommation a lieu essentiellement au moment des repas, ce qui est très important.

Le point le plus essentiel reste la fréquence de consommation. Car toutes les études ont montré que du vin pris tous les jours à doses modérées a un effet de protection cardio-vasculaire très supérieur à une alcoolisation massive de week-end, comme on la pratique volontiers dans les pays anglo-saxons et surtout nordiques.

La deuxième grande étude conduite par le Pr Renaud (*Arch Intern Med,* 1999) sur les différences de protection entre la bière et le vin confirme les conclusions de Gronbaek.

Les résultats indiquent en effet que les consommateurs de vin (1 à 5 verres par jour) présentent une mortalité totale plus faible que les non-consommateurs ou que les consommateurs de bière.

Plus précisément, le taux de mortalité totale est diminué de 20 à 33 % chez des consommateurs de vin par rapport aux abstinents pour des consommations atteignant 55 g d'alcool/jour (5 verres), alors qu'il n'y a aucune baisse significative de la mortalité totale chez les consommateurs de bière.

Les résultats obtenus sur la mortalité coronarienne ou cardiovasculaire montrent une réduction importante de la mortalité de 45 à 48 % chez les buveurs de vin par rapport aux abstinents pour des consommations atteignant 54 g d'alcool par jour (5 verres). Pour ce niveau de consommation, la réduction de la mortalité est de 40 %.

Chez les consommateurs de bière, la réduction de la mortalité coronarienne et cardiovasculaire est moindre (32 à 42 %), mais pour y parvenir, il faut consommer des quantités supérieures d'alcool (55 à 98 g/jour), ce qui contribue à augmenter d'une manière importante le risque de décès imputable aux autres causes.

En conclusion, cette étude démontre que le risque relatif de mortalité toutes causes confondues est diminué uniquement chez les consommateurs de vin pour des doses de 22 à 54 g d'alcool par jour, soit 2 à 5 verres.

> ## QUE POUVONS-NOUS SUGGÉRER COMME ATTITUDE PRATIQUE ?
>
> On peut conseiller une consommation quotidienne de vin, à condition toutefois :
> - que cette consommation soit modérée, en moyenne de 20 à 50 g d'alcool par jour chez l'homme (soit 2 à 4 verres de vin de 125 ml) et 10 à 25 g d'alcool chez la femme non enceinte (soit 1 à 3 verres de vin de 125 ml) ;
> - que le vin soit toujours préféré à la bière, les spiritueux devant être formellement évités ;
> - que ce vin soit bu quotidiennement et non pas épisodiquement le week-end ou seulement lors de repas festifs ;
> - que cette consommation se fasse toujours au cours des repas et dans un but hédoniste (on étanchera sa soif avec de l'eau, mais on boira du vin de qualité pour le plaisir de la dégustation et de la convivialité).

Naturellement ces conseils ne s'adressent qu'à des **sujets sains. Ils excluent donc toutes les personnes susceptibles d'être dépendantes à l'alcool** compte tenu de leurs antécédents (anciens alcooliques ou toxicomanes). De même, ils ne s'adressent pas à ceux pour qui l'alcool est contre-indiqué, dans le cas notamment de :
- la prise de certains médicaments,
- maladies qui seraient aggravées par la prise de doses, même faibles, de vin.

LE CAFÉ

On a longtemps accusé le café de favoriser les maladies cardiovasculaires. Mais les statistiques étaient faussées du fait que les grands buveurs de café étaient souvent des fumeurs.

Quand on supprime des statistiques tous les autres paramètres, notamment celui du tabagisme, les données ne suggèrent plus d'effet nocif du café sauf s'il est bouilli et consommé de façon importante.

Cependant, une récente étude prospective bien contrôlée chez 191 sujets (Christensen, *Am J Clin Nutr*, 2001) montre un lien entre l'arrêt de la consommation de café (moyenne de quatre cafés filtres par jour) et une diminution significative des taux d'homocystéine et du cholestérol total, deux facteurs de risque de la maladie coronarienne.

Le café, du moins au-delà d'une certaine consommation, pourrait donc avoir certains effets nocifs, et ce, sans égard à la façon de le préparer.

Par ailleurs, chez certains sujets sensibles à la caféine, le café (non décaféiné) peut aggraver un hyperinsulinisme, ce qui est nocif chez les obèses ou les diabétiques de type II.

LE THÉ

Le thé peu infusé est pauvre en théine (identique à la caféine) et riche en polyphénols. Il posséderait donc en principe des propriétés antioxydantes et à ce titre, il pourrait avoir un rôle de prévention cardiovasculaire intéressant.

Une étude récente (Duffy, *Circulation*, 2001) fait ressortir d'ailleurs que la consommation de thé améliore la fonction endothéliale des vaisseaux chez les patients atteints de maladie coronarienne.

Malheureusement, les études épidémiologiques sur le sujet sont encore éparses. Une compilation récente de celles-ci (Peters, *Am J Epidemiol*, 2001) suggère un léger effet protecteur, mais curieusement, de façon très inégale selon les pays.

Ainsi, une consommation accrue de thé est associée à un risque augmenté de maladie cardiovasculaire en Grande-Bretagne et en Australie, alors qu'il est diminué dans les autres régions et en particulier en Europe continentale.

Ces différences pourraient fort bien s'expliquer par les variétés de thé qui sont consommées ainsi que par leur mode de préparation.

La recette optimale (Langley-Evans, *Int J Food Sci Nutr*, 2000) pour obtenir des effets antioxydants serait un thé vert ou à feuille noire obtenu par infusion avec une eau à 90 °C pendant 2 minutes, et ce, sans ajout de lait sauf du lait totalement écrémé.

À noter aussi que les polyphénols (= tannins) peuvent gêner l'absorption du fer. C'est un point qu'il faut particulièrement surveiller chez les végétariens et les jeunes femmes (perte de fer lors des règles), qui manquent déjà souvent de fer.

LE CHOCOLAT

Il va de soi que nous ne parlerons ici que du chocolat noir à 70 % de cacao ou plus, les autres chocolats contenant par définition des quantités beaucoup trop importantes de sucre et ayant donc un index glycémique trop élevé.

Potentiellement, ce chocolat pourrait avoir des effets bénéfiques sur deux plans :

- Comme le thé, il contient des polyphénols sous forme de catéchine, épicatéchine et procyanidines et à ce titre, il pourrait donc avoir des propriétés antioxydantes intéressantes.
- Le chocolat traditionnel contient comme graisse exclusivement du beurre de cacao. Ainsi, 100 g d'un chocolat noir à 72 % de cacao contiennent 41 g de graisses (ou lipides). Ces lipides sont constitués de :

- 28 % d'acide palmitique (acide gras saturé) ;
- 34 % d'acide stéarique (acide gras saturé) ;
- 35 % d'acide oléique (acide gras monoinsaturé) ;
- 3 % d'acide linoléique (acide gras polyinsaturé).

Mais au cours de la digestion, l'acide stéarique (saturé) est moins bien absorbé et se transforme en partie pour donner de l'acide oléique (monoinsaturé).

Le chocolat apporterait ainsi à l'organisme une quantité importante d'acides gras monoinsaturés qui, comme nous l'avons vu précédemment, sont particulièrement favorables au niveau de leurs effets sur le profil lipidique.

Il y a malheureusement très peu d'études ayant directement étudié les effets bénéfiques potentiels du beurre de cacao tant sur son pouvoir antioxydant que sur ses bienfaits sur le cholestérol sanguin.

Une étude récente (Wan, *Am J Clin Nutr*, 2001) suggère que le chocolat noir pourrait effectivement avoir un modeste effet antioxydant et aussi contribuer à augmenter le HDL-cholestérol de 4 %, alors que le LDL-cholestérol demeurerait inchangé.

Pour les amateurs, il est tout de même rassurant de constater qu'il ne semble pas avoir d'effets néfastes mais pourrait au contraire avoir des effets bénéfiques. Comme pour toute bonne chose, la modération demeure également de mise.

LE LAIT

Compte tenu de sa composition en graisses majoritairement saturées, le lait entier, voire demi-écrémé, est à déconseiller chez la personne présentant un risque cardiovasculaire clairement identifié.

Elle consommera alors du lait écrémé ou le remplacera par une boisson de soja (plutôt enrichie en calcium).

LES BOISSONS SUCRÉES

Très riches en sucre et sans aucun intérêt nutritif, elles sont probablement responsables en partie de la hausse du taux d'obésité chez les jeunes et sont de toute évidence à proscrire. Pour ceux qui ne peuvent se passer du goût, les boissons gazeuses de régime, bien que loin d'être des boissons idéales, demeurent acceptables.

Par contre, on consommera des jus de fruits frais pressés (orange, citron, pamplemousse), qui sont riches en vitamine C. On évitera sans contredit les boissons dites aux fruits ou les «punchs», qui ne sont en fait que de l'eau colorée avec du sucre.

On donnera la préférence au jus de citron (à consommer sans sucre, bien sûr), qui alcalinise le milieu sanguin, ce qui diminue la vulnérabilité de l'organisme au stress, facteur de risque de maladies cardiovasculaires. L'orange est par contre acidifiante.

L'EAU

Elle a deux actions intéressantes :

• elle est riche en calcium qui, nous l'avons vu, joue un rôle de prévention dans les maladies cardiovasculaires et notamment dans l'hypertension artérielle;

• une forte absorption d'eau (3 l/j) comparée à une absorption de 1,7 l/j, diminuerait la rigidité artérielle et ferait baisser le taux de vasopressine, hormone qui favorise l'hypertension artérielle.

Chez le sujet à risque cardiovasculaire, il faut cependant éviter les eaux salées comme Saint-Yorre, Vichy et Arvie.

CHAPITRE XVI

LE RÔLE DES ANTIOXYDANTS ET AUTRES MICRONUTRIMENTS

LES ANTIOXYDANTS

Rappelons-le, l'action oxydante des radicaux libres est un facteur important de vieillissement, de cancers et de maladies cardiovasculaires. Mais, si ce n'est évidemment pas l'unique facteur de risque, l'oxydation du LDL-cholestérol («mauvais» cholestérol) et des acides gras insaturés n'en reste pas moins un élément capital favorisant l'athérosclérose.

Notre corps contient naturellement un certain nombre de systèmes antioxydants (dont ceux d'enzymes comme la super-oxyde-dismutase et la glutathion-peroxydase). Cela n'étant pas suffisant, il est essentiel de compléter leur action par l'apport alimentaire de substances antioxydantes.

Les principaux antioxydants sont :
• la vitamine E ;
• la vitamine A, mais surtout son précurseur, le bêta-carotène ;

- la vitamine C;
- le sélénium;
- le zinc;
- le cuivre;
- les polyphénols.

Étant donné que les radicaux libres ont un rôle néfaste incontestable, il était normal qu'on veuille étudier leur rôle préventif potentiel quant au risque cardiovasculaire.

Malheureusement, les études récentes sont décevantes à ce sujet, aucune n'ayant pu démontrer de façon claire que des suppléments de bêta-carotène, de vitamines E ou C pouvaient avoir un effet bénéfique. Certaines de ces études ont même suggéré des effets délétères possibles lors de l'administration de suppléments de bêta-carotène.

De toute évidence, il nous reste beaucoup à apprendre sur les antioxydants. Comme pour les acides gras polyinsaturés, la meilleure solution est probablement d'avoir des apports équilibrés et bien proportionnés plutôt que de recourir à la consommation aveugle de suppléments.

À l'encontre de ces études d'intervention, il existe par ailleurs des études épidémiologiques démontrant que les individus qui ont un apport alimentaire plus important en anti-oxydants sont moins à risque de maladie cardiovasculaire. Dans ce contexte, il importe donc de savoir quelles en sont les meilleures sources naturelles parmi les aliments que nous consommons.

Vitamine E

Aliments riches en vitamine E: huile de germe de blé, huile de maïs, huile de soja, huile de tournesol, huile d'arachide, huile de canola, huile d'olive, germe de blé, noisettes, amandes, céréales germées, noix, cacahuètes, riz sauvage.

Vitamine A

Aliments riches en vitamine A: huile de foie de morue, foies d'animaux, carotte crue, épinard cuit, tomate, beurre, œuf cuit, abricot frais, fromage, saumon, lait entier, sardines.

Entre la vitamine A et le bêta-carotène, il semble bien que ce soit ce dernier (qui est la provitamine A) qui ait l'effet antioxydant le plus puissant.

Rappelons aussi que l'excès éventuel de vitamine A peut conduire à une intoxication grave, ce qui n'est pas le cas du bêta-carotène.

Bêta-carotène

Aliments riches en bêta-carotène: carottes, cresson, épinard, mangue, melon, abricot, brocoli, beurre, pêche, tomate, crème fraîche, orange.

En ce qui concerne les **carottes**, il convient de faire une distinction entre celles qui sont crues ou cuites. Crues, leurs fibres sont intactes et contribuent à faire baisser le cholestérol et la glycémie. Leur index glycémique est d'environ 30. De plus, leur teneur en bêta-carotène est optimale. Par contre, lorsqu'elles sont cuites (carottes «vichy»), elles prennent un goût sucré et leur index glycémique est connu comme étant élevé (85). On a montré récemment que la cuisson détruisait 50 % du bêta-carotène présent dans la racine. Il vaut donc mieux consommer des carottes crues, mais plutôt issues de culture biologique (sinon elles ont des concentrations souvent préoccupantes en nitrates!).

Outre le bêta-carotène proprement dit, il existe dans la même famille dite des caroténoïdes, le lycopène, puissant antioxydant que l'on trouve notamment dans la **tomate**.

Vitamine C

Aliments riches en vitamine C: baie d'églantier (cynorrhodon), cassis, persil, kiwi, brocoli, oseille, poivron cru, estragon, chou vert cru, cresson, chou rouge cru, jus de citron, agrumes, fraises, cerfeuil, mâche, laitue, pomme, poire, pêche, raisin, foie, rognons.

Rappelons que la vitamine C est en grande partie détruite par l'oxydation à l'air et par la cuisson. Pour la préserver, les moyens de conservation, de préparation et de cuisson des aliments sont essentiels. Son apport quotidien optimal serait de 80 mg, mais pourrait atteindre 200 mg chez les fumeurs.

Sélénium

Aliments riches en sélénium : huîtres, foie de poulet, foie de bœuf, porc, bœuf, poisson, œuf, champignons, oignons, pomme de terre, pain intégral et complet, lentilles.

Zinc

Aliments riches en zinc : huîtres, pois secs, foie de canard, levure de bière, haricots secs, rognons, anguille, lentilles, viandes, pain intégral et complet.

Cuivre

Aliments riches en cuivre : huîtres, foie de veau, foie de mouton, moules, poudre de cacao, foie de bœuf, germe de blé, haricots blancs, noisettes, pois secs, flocons d'avoine.

Polyphénols

Aliments riches en polyphénols : vin (surtout rouge et riche en tannins), pépins de raisin, oignon, pomme, thé vert (catéchines), thé noir (théaflavines), huile d'olive.

Les travaux se multiplient actuellement sur les polyphénols. Compte tenu du paradoxe français (voir chapitre XVIII) et des effets bénéfiques du régime méditerranéen, on pense qu'ils ont un rôle très important, peut-être même plus que la vitamine E, qui a été pourtant longtemps considérée comme l'antioxydant de référence.

Voici quelques suggestions pour avoir un bon apport en antioxydants au cours d'une journée :

Petit déjeuner :

- jus de citron pressé et/ou 1 thé
- 2 kiwis
- pain complet ou intégral + margarine (aux oméga-3 ou aux phytostérols)
- lait écrémé + cacao en poudre non sucré

Repas du midi :

- huîtres
- foie de veau + brocoli et lentilles
- yogourt + levure de bière
- un verre de vin

Collation :

- noisettes, noix
- abricots
- thé vert

Repas du soir :

- carottes râpées et tomates (+ fines herbes, citron et huile d'olive)
- saumon au riz complet et sauvage
- salade de cresson (ail + huile Isio 4)
- fromage aux noix
- un verre de vin

LES MICRONUTRIMENTS

Potassium

Les carences en potassium ne sont pas rares. Leurs causes les plus fréquentes sont les diarrhées, les vomissements, la consommation de diurétiques et de laxatifs, l'abus de réglisse. Ces carences favorisent aussi les troubles du rythme cardiaque et l'hypertension artérielle.

L'apport quotidien de potassium devrait être de 2 à 5 g.

Brancati a comparé deux groupes d'Afro-Américains : l'un avait un régime standard pauvre en potassium (1,6 g/jour), l'autre recevait la même diététique plus une supplémentation de 3,2 g/j (soit 4,8 g en tout).

Au bout de trois semaines, la tension artérielle n'a pas bougé dans le premier groupe. Dans le deuxième groupe, la tension artérielle systolique (maxima) avait diminué de 6,9 mm Hg et la tension diastolique (minima) de 2,5 mm Hg.

À la suite de cette étude, le même groupe de chercheurs a fait une analyse groupée (méta-analyse) des études similaires sur le sujet (*JAMA*, 1997, 28 ; 277(20) : 1624-32) et a conclu de façon plus définitive que le potassium pouvait avoir un rôle bénéfique dans la prévention et le traitement de l'hypertension artérielle, en particulier chez ceux qui ont plus de difficulté à diminuer leur apport en sodium (sel de table).

Principales sources de potassium : levure de bière, abricot sec, lentilles, haricots blancs, pois cassés, pruneau, datte, amande, noisette, noix, champignons, artichaut, banane, chocolat, chou-fleur.

Magnésium

Son apport quotidien devrait être de 420 mg pour les hommes et de 330 mg pour les femmes.

Certaines études suggèrent que la mortalité par affections coronariennes est plus élevée dans les régions où l'eau du robinet est pauvre en magnésium.

Le magnésium est aussi un bon régulateur du système nerveux et renforcerait possiblement la tolérance au stress.

Principales sources de magnésium : bigorneau, son de blé, poudre de cacao, germe de blé, chocolat noir, grains de soja, amandes, levure de bière, haricots blancs, cacahuètes, noix, pain complet, lentilles.

Calcium

Il a probablement un effet bénéfique dans la lutte contre l'hypertension artérielle.

L'eau du robinet, calcaire, peut parfois être plus intéressante qu'une eau minérale peu minéralisée et donc pauvre en calcium.

L'apport minimal par jour est de 900 à 1 000 mg et de 1 500 mg chez les femmes ménopausées.

Principales sources de calcium (en mg pour 100 g)			
levure de bière	2 000	gruyère	1 200
pruneau	800	autres fromages	800 à 1 000
sardines (avec arêtes)	400	lait concentré	300
œuf	300	chocolat au lait	220
persil, cresson	200	fruits secs	200
lait	100	chou-fleur, brocoli	100
moule, huître	100	crevettes	100
pain complet	50	pomme	50

Certaines **eaux minérales** sont aussi de bonnes sources de calcium. Concentration en calcium pour 1 litre :

Hépar	555 mg
Contrex	486 mg
Salvetat	253 mg
Quézac	245 mg
San Pellegrino	206 mg
Vittel	202 mg
Badoit	200 mg

Manganèse

Sa carence favoriserait la baisse du HDL-cholestérol (« bon » cholestérol).

Sa ration quotidienne doit être de 5 mg/jour. On en trouve surtout dans les baies, les noix.

Vitamines B

Les vitamines du groupe B jouent vraisemblablement un rôle essentiel dans la bonne santé cardiovasculaire :

La thiamine (ou vitamine B_1), a une action favorable sur la paroi vasculaire et sur la prévention des troubles du rythme cardiaque. Une déficience peut entraîner une cardiomyopathie.

La niacine (ou acide nicotinique ou vitamine B_3) dilate les vaisseaux et est *a priori* antiathérogène, car elle abaisse les taux de cholestérol et de triglycérides. Elle serait particulièrement efficace pour augmenter le niveau d'une fraction du « bon » cholestérol (HDL2-cholestérol). Des études récentes confirment d'ailleurs ses effets bénéfiques particulièrement lorsqu'elle est administrée en association avec des médicaments qui abaissent le « mauvais » cholestérol (LDL-cholestérol).

La vitamine B_6 (pyridoxine) **et l'acide folique** (vitamine B_9) diminuent le taux plasmatiques d'homocystéine qui est, nous l'avons vu, un facteur de risque de maladies cardiovasculaires.

Les études épidémiologiques suggèrent une forte relation inverse entre l'apport en acide folique et la survenue d'événements cardiovasculaires. Cependant, il n'y a pas encore de preuve que la prise de suppléments prévienne la maladie et comme pour les antioxydants, il faut demeurer prudent et bien faire la part des choses entre un apport alimentaire modulé et la prise massive de suppléments.

Qui plus est, l'acide folique est en compétition avec la vitamine B_{12} et un apport trop important sans apport concomitant de vitamine B_{12} pourrait entraîner une déficience de cette dernière.

Principales sources de vitamine B$_6$ et acide folique

Vitamine B$_6$	Acide folique
Levure de bière	Levure de bière
Germe de blé	Germe de blé
Soja	Soja
Pain intégral ou complet	Pain intégral ou complet
Foie, rognons	Huîtres
Viandes, poissons	Fromages, lait
Riz complet	Légumes verts
Légumes secs	Légumes secs
Avocat	Épinards, cresson
Céréales vitaminées	Céréales vitaminées
pour petit déjeuner	pour petit déjeuner

Sodium

Une étude récente (He, *JAMA*, 1999) suggère que la consommation de sodium est associée à un risque cardiovasculaire plus important et à une mortalité accrue chez les obèses, mais qu'il n'influence pas le risque chez les non-obèses.

Chez un sujet sain, la tension artérielle ne dépend pas de la ration de sodium consommée.

En cas d'hypertension artérielle, on a longtemps prescrit un régime peu salé. En fait, il faut savoir qu'il y a des sujets «sensibles», qui répondent à ce régime peu salé (environ 30 %), et d'autres qui sont «insensibles» et donc non répondeurs.

Mais on n'a pas de critère précis pour détecter les sujets répondeurs. Quoi qu'il en soit, le traitement actuel de l'hypertension artérielle est surtout médicamenteux et moins restrictif sur le sel qu'auparavant.

Il est néanmoins préférable de demeurer raisonnable compte tenu des inconvénients possibles alors qu'il n'y a aucun avantage à augmenter sa consommation.

Fer

Une étude finlandaise (Tuomainen TP, *Circulation,* 1998) a montré que le risque d'infarctus du myocarde était deux fois plus élevé chez des hommes qui avaient de grosses réserves de fer.

Cependant, il n'y a pas encore d'étude démontrant que cela soit nécessairement relié à un apport alimentaire plus important plutôt qu'à un taux d'élimination différent.

Le fer, très avide d'oxygène, est suspecté de favoriser l'action des radicaux libres.

Chrome

Il est impliqué dans le métabolisme des glucides et des lipides. Sa carence favoriserait le diabète et les maladies cardiovasculaires. Ces observations ont surtout été faites chez l'animal et les études cliniques demeurent éparses. Son rôle thérapeutique potentiel demeure controversé, compte tenu d'effets toxiques potentiels. Son utilisation est aussi limitée du fait de sa faible absorption intestinale.

Rôle :

- il potentialise l'action de l'insuline ;
- il diminue la sécrétion d'insuline lors des hyperglycémies ;
- il améliore la tolérance au glucose, car il entre (avec la vitamine PP et l'acide glutamique) dans la composition d'une enzyme, le « glucose tolerance factor », qui facilite la fixation de l'insuline à ses récepteurs. Le chrome contribue donc à faire régresser l'insulinorésistance.

Apports conseillés

Ils sont de 50 à 200 microg/jour, mais ne sont pas toujours atteints. De nombreuses personnes en ingèrent moins de 50 microg/jour.

Seulement 5 % du chrome ingéré sont absorbés dans l'intestin, 95 % se retrouvent dans les selles.

Le risque de déficit est plus important chez les personnes âgées, qui ont une moins bonne absorption intestinale du chrome.

Le chrome et les maladies cardiovasculaires

Certaines études (Abraham, 1992, Nash, 1979) suggèrent une amélioration du bilan lipidique après l'administration d'un supplément de 250 microg/jour, mais elles n'ont pas été validées.

Sources de chrome : coquillages, jaune d'œuf, bière, levure de bière, germe de blé, pelures de fruits (pomme), pommes de terre avec leur peau, noix, sucre de canne complet non raffiné, poivre noir, foie, rognons.

Choisir des aliments riches en micronutriments

Tous les aliments sont-ils riches en micronutriments ? La nécessité de toujours augmenter le rendement des productions agricoles ou de sélectionner des variétés et des races plus résistantes a entraîné de grands bouleversements des modes de culture et d'élevage.

On doit déplorer que les critères nutritionnels n'aient pas du tout constitué la priorité pour les ingénieurs agronomes et les généticiens qui ont réalisé ce travail. Ainsi, dès le stade de produit brut, les aliments actuels à notre disposition sur le marché peuvent avoir une concentration vitaminique faible pour les raisons suivantes :
• un mode de culture intensif ;
• une culture hors sol ;
• un abus de pesticides, insecticides, fongicides ;
• un arrosage avec des eaux trop riches en nitrates ;
• une cueillette avant maturité ;
• un temps de transport excessif ;
• un stockage prolongé et parfois inadapté ;

• un raffinage trop systématique (blutage des céréales, blanchiment du sucre).

Les taux de vitamines peuvent être ainsi diminués de plus du tiers dans certains fruits et légumes, en fonction des modes de culture et de conservation modernes.

La vitamine E a ainsi quasiment disparu des laitues, des petits pois, des pommes et même du persil.

Selon la variété, le sol et le mode de culture, les carottes peuvent par exemple contenir de 0,5 à 31 mg/100 g de bêta-carotène et de 0 à 15 mg de vitamine C.

C'est dire combien il faut relativiser les valeurs de concentration vitaminique (purement théoriques) données par les tables de composition alimentaire.

Une fois le produit acheté par le consommateur, il peut par ailleurs y avoir un appauvrissement vitaminique supplémentaire dû à :
• un mode de conservation inadapté ou trop prolongé ;
• un mode de préparation lésant les vitamines (excès de trempage ou de lavage au cours duquel les vitamines hydrosolubles partent dans l'eau) ;
• un mode de cuisson respectant mal les vitamines (trop fort ou trop prolongé) ;
• une conservation des restes, suivie d'un réchauffage.

En effet, nous savons que certaines vitamines sont en partie détruites :
• par l'oxydation à l'air ;
• par l'exposition à la lumière ;
• par le chauffage des cuissons.

Ainsi la perte de vitamine C lors d'un trempage de 15 min est de :
• 8 % pour le chou-fleur ;
• 8 % pour les épinards ;
• 30 % pour la salade.

Le mixage (carottes râpées, épinards, chou en crudités) entraîne une perte de 6 à 9 % de la vitamine C avant cuisson.

Le temps de cuisson intervient notablement, ainsi la teneur en vitamine C du chou est de :
• 42 mg après 10 min de cuisson ;
• 28 mg après 20 min ;
• 15 mg après 60 min ;
• 5 mg après 90 min.

Le mode de cuisson joue un rôle également. Prenons l'exemple de la perte de vitamine C dans les pommes de terre, elle est de :
• 2 % à l'étouffée ;
• 15 % dans l'eau ;
• 25 % à la vapeur ;
• 32 % en autocuiseur.

C'est pourquoi il est illusoire de vouloir calculer combien il reste de vitamine C dans 100 g d'épinards qui ont « traîné » trois jours sur l'étalage du marchand, qui ont ensuite été stockés trois jours au réfrigérateur à 4 °C, puis passés à la moulinette, cuits 10 min dans une casserole en aluminium, gardés au froid toute la journée et consommés au dîner après avoir été réchauffés 2 min dans un four à micro-ondes !

Ces exemples ne servent qu'à vous faire prendre conscience des effets de nos modes alimentaires actuels et de leurs conséquences.

Ainsi, malgré l'accès à une alimentation variée, les mets une fois parvenus dans notre assiette peuvent avoir une « densité nutritionnelle » de plus en plus faible et la survenue d'un déficit vitaminique est loin d'être une hypothèse irréaliste.

Voici quelques règles à connaître pour préserver au maximum les micronutriments :
- choisissez, si possible, des produits issus de l'agriculture biologique. Ils restent plus difficiles à trouver et sont surtout un peu plus chers, mais en favorisant la qualité, non la quantité, le coût final peut être presque identique ;
- à défaut, prenez la production du petit maraîcher local, qui garde volontiers un mode de culture assez traditionnel ;
- selon la saison, achetez des produits régionaux qui subissent moins de temps de transport, plutôt que ceux venant de l'étranger ;
- préférez les produits encore pleins de terre et non calibrés, ils sont souvent un gage de qualité, par rapport aux produits (fruits) d'aspect tous identiques et passés à la paraffine venant des grands marchés régionaux, nationaux ou internationaux ;
- utilisez des produits de première fraîcheur plutôt que des aliments ayant déjà été stockés plusieurs semaines ;
- laissez vos produits le moins possible à l'air ou à la lumière, préparez-les le plus vite possible et consommez-les tout de suite ;
- utilisez le moins d'eau possible pour leur préparation ;
- préférez les fruits et légumes crus (sauf en cas d'intolérance digestive notable) ;
- épluchez le moins possible et râpez peu ;
- évitez les cuissons prolongées ;
- évitez de maintenir les plats trop longtemps au chaud ;
- conservez l'eau de cuisson pour faire un potage, elle contient des vitamines hydrosolubles ;
- pour les légumes, préférez les cuissons vapeur, plutôt que dans l'eau ;

- les rôtis et les grillades conservent davantage les vitamines des viandes;
- n'exposez pas le lait à la lumière.

Faut-il prendre des suppléments vitaminiques?

La réponse à cette question n'est pas simple. En effet, plusieurs études épidémiologiques démontrent une corrélation positive entre le niveau de consommation de certaines vitamines et un bénéfice du point de vue cardiovasculaire.

C'est le cas notamment de l'acide folique, de la vitamine E, de la vitamine C et du bêta-carotène. Il faut cependant souligner que ces études sont des études d'observation où est comptabilisée chez un grand nombre de sujets la consommation totale de micronutriments quelle qu'en soit la source (alimentation ou suppléments).

En contrepartie, la plupart des études d'intervention, c'est-à-dire celles où furent évalués les effets de l'administration de suppléments vitaminiques, ont été fort décevantes. Ainsi, la plupart des études portant sur l'administration de suppléments de vitamine E à des individus souffrant de maladie coronarienne ou présentant des facteurs de risque ne démontrent aucun effet bénéfique. Une étude observe même une diminution de «bon» cholestérol (HDL2-cholestérol, Brown *NEJM*, 2001). D'autres études suggèrent aussi que l'administration de bêta-carotène pourrait être délétère.

Les études d'intervention présentent cependant des différences fondamentales par rapport aux études épidémiologiques. D'abord, elles sont effectuées chez des populations ciblées qui présentent déjà des éléments en faveur d'une maladie cardiovasculaire, et puis, les suppléments utilisés contiennent habituellement des doses importantes de vitamines.

En effet, les quantités vont bien au-delà de celles jugées comme bénéfiques dans les études épidémiologiques. De plus, l'intervention est isolée, c'est-à-dire qu'il n'y a pas d'augmentation concomitante dans la consommation des autres vitamines. Il se peut donc que cela crée un déséquilibre qui ne se produit pas lorsque les vitamines sont absorbées en quantité plus modérée. Aussi, les formes chimiques des vitamines utilisées dans les comprimés pourraient ne pas avoir le même effet que lorsqu'elles sont consommées sous forme alimentaire.

De toute évidence, il nous reste beaucoup à apprendre sur les vitamines. Les études les plus récentes nous incitent cependant à la prudence quant à l'utilisation de doses importantes et il semblerait que l'approche la plus appropriée à l'heure actuelle serait une alimentation et une prise de suppléments qui visent à combler les besoins normaux. L'apport quotidien recommandé en vitamines et en minéraux par Santé Canada est le suivant :

APPORT QUOTIDIEN RECOMMANDÉ EN VITAMINES				
Article	Vitamine	Unités	Apport pour les personnes de 2 ans et plus	Apport pour les nourrissons et les enfants de moins de 2 ans
1	Vitamine A	(ER)	1000	400
2	Vitamine D	(µg)	5	10
3	Vitamine E	(mg)	10	3
4	Vitamine C	(mg)	60	20
5	Thiamine	(mg)	1,3	0,45
6	Riboflavine	(mg)	1,6	0,55
7	Niacine	(mg)	23	8
8	Vitamine B_6	(mg)	1,08	0,7
9	Folate	(µg)	220	65
10	Vitamine B_{12}	(µg)	2	0,3
11	Pantothénate	(mg)	7	2
12	Vitamine K	(µg)	80	30
13	Biotine	(µg)	300	8

APPORT QUOTIDIEN RECOMMANDÉ EN MINÉRAUX NUTRITIFS				
Article	Minéral nutritif	Unités	Apport pour les personnes de 2 ans et plus	Apport pour les nourrissons et les enfants de moins de 2 ans
1	Calcium	(mg)	1100	500
2	Phosphore	(mg)	1100	500
3	Magnésium	(mg)	250	55
4	Fer	(mg)	14	7
5	Zinc	(mg)	9	4
6	Iode	(µg)	160	55
7	Sélénium	(µg)	50	15
8	Cuivre	(mg)	2	,05
9	Manganèse	(mg)	2	1,2
10	Chrome	(µg)	120	12
11	Molybdène	(µg)	75	15
12	Chlorure	(mg)	3400	1000

Source : Nutrition Canada

Dans bien des cas, ces besoins pourront être comblés par une saine alimentation et en utilisant les principes de conservation et de préparation que nous avons donnés précédemment. Cependant, l'alimentation moderne à base de produits industrialisés et pauvre en produits frais s'avérera souvent déficiente. En particulier, les produits frais pourront être plus difficiles à trouver et plus coûteux au cours de nos hivers enneigés. Les personnes suivantes sont aussi plus à risque de présenter un déficit vitaminique :

• les nourrissons non élevés au sein qui ne reçoivent pas des laits maternisés ;

• les enfants boudant les fruits, mais se gavant de sucreries ;

• les adolescents à l'époque de la puberté abusant du «fast-food» ;

- les jeunes filles obsédées par la minceur, sautant des repas jusqu'à devenir parfois anorexiques ;
- les sportifs, surtout ceux qui pratiquent les sports d'endurance ;
- les femmes enceintes ;
- les femmes qui suivent des régimes amaigrissants et se trouvant sous-alimentées (régime hypocalorique à moins de 1 500 kcal) ou adoptant des régimes farfelus et déséquilibrés ;
- certaines femmes utilisant la pilule anticonceptionnelle ;
- les personnes qui fument ;
- les femmes au moment de la ménopause ;
- les personnes âgées, surtout par rapport aux vitamine B_{12} et D ;
- les sujets alcooliques ;
- les personnes prenant certains médicaments ;
- les sujets ayant des maladies digestives et dont l'intestin souffre de troubles d'absorption.

Dans le doute, il semble donc raisonnable de prendre des multivitamines en quantité correspondant à l'apport quotidien recommandé par Nutrition Canada. Dans l'état actuel des connaissances, il apparaît cependant préférable d'éviter les préparations qui renferment des quantités représentant plusieurs fois l'apport quotidien recommandé et/ou se limitant à une seule ou à un groupe limité de vitamines.

CHAPITRE XVII

BIEN GÉRER SES FACTEURS DE RISQUE

Les précautions diététiques que nous avons décrites dans les chapitres précédents sont certes importantes, mais elles ne suffisent pas pour obtenir une prévention cardio-vasculaire optimale. D'autres mesures doivent conjointement être mises en œuvre, en particulier pour un sujet à risque ou ayant déjà fait un accident. Il conviendra en effet, et d'une manière impérative, d'arrêter définitivement de fumer, d'entreprendre une activité physique suffisante et de trouver le moyen de gérer son stress.

L'ARRÊT DU TABAGISME

La nature de l'intervention préventive face au tabac est facile à cibler puisqu'il s'agit tout simplement d'arrêter, ce qui n'est cependant pas une mince affaire puisque la dépendance au tabac peut être aussi sévère que celle à l'héroïne, par exemple.

Il faudra néanmoins se convaincre qu'arrêter de fumer n'est pas un choix mais une obligation envers soi-même et les autres. Il existe maintenant des moyens qui aident (timbres ou gomme à mâcher à la nicotine, médicaments, cliniques de soutien, etc.), mais il n'y a pas de solution miracle et dans tous les cas, il faut une bonne dose de volonté. À noter aussi que simplement diminuer ne réussit jamais.

La profession médicale est sensibilisée mais il y a encore place à l'amélioration dans le soutien à apporter aux patients pour les inciter ou les aider à cesser de fumer.

Il faut aussi souligner et applaudir les mesures gouvernementales qui ont été mises en place pour enrayer le tabagisme. À la suite des diverses campagnes de prévention, la proportion des adultes de 15 ans et plus qui fument au Canada est passée de 39 % en 1977 à 24 % en 1997. Comme nous l'avons vu, ces statistiques ont cependant plafonné depuis le début des années 90, et il ne faut surtout pas devenir complaisant devant cette situation.

Fumer, c'est s'exposer de façon évidente et inexorable aux maladies cardiovasculaires, comme en font état toutes les statistiques.

Vouloir améliorer son état, éviter les récidives ou la mort précoce, chez un sujet déjà atteint d'une maladie cardiovasculaire, impose donc sans discussion l'arrêt total et définitif du tabac.

Les gens concernés sont pour la plupart motivés, mais ils disent manquer de volonté... Or contrairement à ce que l'on croit trop souvent, arrêter de fumer n'est pas une simple question de volonté.

Les dépendances

Il faut admettre que les fumeurs sont sous l'emprise d'une véritable dépendance au tabac :
• **la dépendance physique** est liée à un taux sanguin de nicotine devenu « nécessaire » au fil des années. Quand il chute trop, le sujet a besoin de fumer pour le remonter. Le mécanisme est le même que chez un drogué qui a « besoin de sa dose » pour être dans un état normal. Cette dépen-

dance échappe à la volonté et nécessite l'apport de nicotine (par un timbre, par exemple) pour arriver à se déshabituer de la cigarette. Il existe un test (celui de Fagerstrom) pour apprécier l'importance de cette dépendance ;
• **la dépendance comportementale et psychologique** est due à l'acquisition inconsciente d'automatismes, où le gestuel et le contexte social sont essentiels.

Stratégie pour arrêter de fumer

Il faut éviter l'improvisation et l'auto-prise en charge. Il convient de s'y préparer en se faisant aider au besoin d'un thérapeute formé à la désintoxication tabagique.

Il faut évaluer la nature réelle de ses motivations et déterminer quelles sont ses chances de réussite. En effet, on prépare son arrêt du tabac comme un sportif prépare les Jeux olympiques, c'est-à-dire pour gagner. Et pour cela, il faut faire beaucoup de préparation pour avoir toutes les chances de réussir. Improviser une conduite particulière au moment où l'on se décide à arrêter de fumer est le meilleur moyen d'échouer.

Il faut bien choisir son moment, notamment lorsque le stress n'est pas trop fort. Si le sujet est dans une période d'angoisse ou de dépression, mieux vaut retarder sa démarche, pour avoir plus de chances de réussir.

Le jour doit être programmé de manière à ce que le sujet soit psychologiquement préparé :
• on utilisera les « trucs » comportementaux ou les exercices de relaxation appris auparavant pour « tenir » et ne pas rechuter à la moindre sollicitation sociale ou lors d'un stress minime ;
• le traitement nicotinique de substitution prescrit par le médecin traitant (timbre ou gommes à la nicotine) sera mis en place ;

- pour éviter une prise de poids, les principes de la méthode Montignac, acquis auparavant, pourront continuer à être appliqués.

Si malgré cela on rechute, il ne faut surtout pas le vivre comme un échec en se culpabilisant et en se dévalorisant.

Un sauteur à la perche ne passe pas forcément 6 m du premier coup! Votre deuxième ou troisième tentative sera sans doute la bonne... Votre première expérience et les leçons qui pourront en être tirées seront le meilleur garant de votre réussite prochaine.

LA TENSION ARTÉRIELLE

C'est vraisemblablement le paramètre le plus facile à mesurer et le plus disponible. Non seulement elle fait (ou devrait faire) partie de toute visite chez le médecin ou dans une clinique, mais des appareils de mesure sont maintenant disponibles gratuitement dans la plupart des pharmacies. Malgré tout, il y aurait jusqu'à 40 % des hypertendus qui s'ignorent et une encore plus grande proportion dont la tension n'est pas traitée de façon adéquate.

De nos jours, tout le monde devrait connaître sa tension artérielle. Compte tenu de la grande disponibilité des mesures, il n'y a aucune excuse. Il faut se souvenir qu'il s'agit d'un facteur de risque majeur qui peut durer pendant des années sans donner de symptômes puis tout à coup, sans prévenir, donner lieu à un accident vasculaire sérieux. Son dépistage précoce suivi d'un traitement adéquat pourra donc augmenter l'espérance de vie de plusieurs années.

La tension artérielle normale devrait être inférieure à 140/90, 140 étant la tension systolique et 90 la tension diastolique. Si vous procédez vous-même à la prise de tension, la Société canadienne d'hypertension artérielle recommande que des valeurs supérieures à 134/83 soient considérées comme élevées puisque la tension qu'on prend soi-même a tendance à être moins élevée que celle enregistrée par le médecin, à cause d'une moins grande anxiété.

Ne vous inquiétez pas, si vous prenez vous-même votre tension, les instructions sont limpides et les chiffres clairement indiqués et, en cas de doute, il n'y a pas de mal à demander conseil. La première prise peut être élevée à cause de l'anxiété, et si tel est le cas, il vaut mieux la répéter deux ou trois fois. Si toutefois elle demeure élevée, n'hésitez pas alors à consulter un médecin. N'oublions pas qu'il s'agit d'un état sous-diagnostiqué et qu'il n'y aura aucune culpabilité à y avoir si jamais votre médecin vous affirme que vous vous êtes trompé.

LE BILAN LIPIDIQUE

Pour détecter un taux de cholestérol anormal, on aura recours à une prise de sang. On considère comme normal un taux de 5,17 mmol/l ou moins. Une valeur entre 5,18 et 6,21 mmol/l est considérée comme à risque moyen tandis qu'une valeur égale ou supérieure à 6,22 mmol est considérée comme à risque plus élevé.

Il importe cependant de souligner que les valeurs qui précèdent sont des valeurs de référence pour établir le risque et que la valeur cible à atteindre (voir plus loin) variera selon le profil de risque de l'individu. À la suite de vastes études sur les effets d'un traitement hypolipémiant, les valeurs cibles ont eu tendance à diminuer au fil des ans.

Mais le seul dosage du cholestérol total n'est pas suffisant pour apprécier les risques vasculaires potentiels, car 15 % des sujets victimes d'infarctus du myocarde ont un taux de cholestérol normal entre 4,0 et 5,2 mmol/l.

Il importe donc de doser aussi **les fractions du cholestérol** (LDL et HDL), ainsi que **les triglycérides.** Ce sont des dosages de base qui sont maintenant couramment pratiqués dans n'importe quel laboratoire.

Un jour peut-être ajoutera-t-on d'une manière systématique le dosage d'autres paramètres plus spécialisés comme la lipoprotéine (a), l'apo-B lipoprotéines et la taille des particules de LDL-cholestérol.

Quand faire ces dosages ?

Devant de potentiels problèmes de santé, les comportements sont très variables :
• certains pratiquent la politique de l'autruche. Ils évitent de faire des prises de sang ou les négligent. Quand l'accident vasculaire arrive comme un coup de tonnerre dans un ciel serein, l'entourage s'exclame naïvement : « Lui qui n'avait jamais rien eu ! » ;
• d'autres contribuent au déficit du système de santé en réclamant à tout bout de champ des prises de sang à leur médecin généraliste, à leur cardiologue ou au médecin du travail, même si leurs taux restent normaux depuis des années et qu'ils n'ont guère d'autres facteurs de risque.

De fait, les recommandations canadiennes sur la prise en charge des dyslipidémies sont d'effectuer un dépistage systématique au moyen d'un bilan lipidique à jeun chez les patients suivants :
• hommes de plus de 40 ans ;
• femmes de plus de 50 ans ;
• adultes présentant au moins deux facteurs de risque coronarien ;
• sujets présentant des signes de coronaropathie, de maladie vasculaire périphérique ou d'athérosclérose carotidienne ;
• patients atteints de diabète sucré ;
• patients qui présentent des xanthomes (petites tumeurs graisseuses au niveau de la peau) ou d'autres stigmates de dyslipidémie ;

- sujets ayant des antécédents familiaux de dyslipidémie ou de maladie coronarienne.

À noter que la dernière recommandation n'impose pas de limite d'âge et pourrait donc s'appliquer dès l'adolescence.

Aux États-Unis, 21 % des enfants de 2 à 20 ans ont un cholestérol déjà supérieur à 5 mmol/l, et lors de l'autopsie de G.I. tués en Corée ou au Vietnam, les médecins américains ont eu la surprise de trouver, chez des hommes jeunes (18 à 22 ans), en pleine forme physique et peu suspects de sédentarité, des lésions d'athérome dans près de 40 % des cas !

Modalités techniques de ce bilan

De façon conventionnelle, il est réalisé après 12 heures de jeûne et après une abstinence d'alcool de 48 heures. Nous verrons cependant que cela n'est peut-être pas forcément la meilleure façon de dépister une hyperlipémie (taux élevé de graisses dans le sang).

Comment interpréter les résultats de cette prise de sang

En plus des valeurs de références mentionnées plus haut pour le cholestérol total, le profil de risque est aussi établi en fonction du **HDL-cholestérol** dont la valeur de référence se situe à 1,16 mmol/l chez l'homme, et 1,30 mmol/l chez la femme.

La valeur de référence est de 3,0 mmol/l pour les **triglycérides** et de 5,0 mmol/l pour le **LDL-cholestérol.**

Il y a une corrélation nette entre la fréquence des maladies cardiovasculaires et la présence :
- d'un cholestérol LDL augmenté ;
- d'un cholestérol HDL bas ;
- d'un cholestérol total augmenté ;
- d'un rapport cholestérol total/ cholestérol HDL élevé ;
- de triglycérides augmentés ;
- d'une lipoprotéine (a) augmentée.

Les recommandations canadiennes sont d'établir les objectifs thérapeutiques en fonction du profil de risque.

Le risque est d'emblée considéré comme très élevé en présence d'antécédents personnels de maladies cardiovasculaires ou chez les patients diabétiques de plus de 30 ans.

Chez les autres sujets, le profil de risque est établi selon l'algorithme proposé par le modèle de Framingham. Celui-ci s'effectue en trois étapes :

Modèle Framingham de calcul du risque coronarien pour 10 ans
Étape 1 : Déterminer les points de risque

	POINTS DE RISQUE	
Facteur de risque	Hommes	Femmes
Âge (années)		
30 - 34	-1	-9
35 - 39	0	-4
40 - 44	1	0
45 - 49	2	3
50 - 54	3	6
55 - 59	4	7
60 - 64	5	8
65 - 69	6	8
70 - 74	7	8
Cholestérolémie totale (mmol/l)		
< 4,14	-3	-2
4,15 - 5,17	0	0
5,18 - 6,21	1	1
6,22 - 7,24	2	2
≥ 7,25	3	3
Taux de cholestérol HDL (mmol/l)		
< 0,90	2	5
0,91 - 1,16	1	2
1,17 - 1,29	0	1
1,30 - 1,55	0	0
≥ 1,56	-2	-3
Tension artérielle systolique (mmHg)		
< 120	0	-3
120 - 129	0	0
130 - 139	1	1
140 - 159	2	2
≥ 160	3	3
Fumeur		
Non	0	0
Oui	2	2
Total des points de risque		

Source : Tableau Framingham

Étape 2 : Calculer le risque

Total des points de risque	Risque pour 10 ans (%)	
	Hommes	Femmes
1	3	2
2	4	3
3	5	3
4	7	4
5	8	4
6	10	5
7	13	6
8	16	7
9	20	8
10	25	10
11	31	11
12	37	13
13	45	15
14	≥ 53	18
15		20
16		24
17		> 27

Étape 3 : Déterminer les valeurs cibles en fonction du pourcentage de risque coronarien obtenu à l'étape 2.

Niveau de risque (% à l'étape 2)	C-LDL (mmol/l)	Rapport cholestérol total/C-HDL	Triglycérides (mmol/l)
Très élevé (> 30 %)	< 2,5	< 4	< 2,0
Élevé (20-30 %)	< 3,0	< 5	< 2,0
Modéré (10-20 %)	< 4,0	< 6	< 2,0
Faible (< 10 %)	< 5,0	< 7	< 3,0

Source : Wilson PWF, D'Agostino RB, Levy D, Belanger AM, Silbershatz H, Kannel WB. Prediction of coronary heart disease using risk factor categories. *Circulation.* 1998;97 :1837-1847.

On se rappelle que le risque est d'emblée considéré comme très élevé en présence d'antécédents personnels de maladies cardiovasculaires ou chez les patients diabétiques de plus de 30 ans.

Mentionnons aussi que ces valeurs évoluent constamment et qu'elles ont de plus en plus tendance à s'abaisser. Le traitement des dyslipidémies passe d'abord par la diète et nous avons démontré que des résultats forts intéressants peuvent effectivement être obtenus avec la méthode Montignac. Néanmoins, un traitement médicamenteux est souvent nécessaire et compte tenu de la complexité de ces maladies et de leurs conséquences potentiellement graves, un suivi médical devrait être fait chez tous les patients dont le bilan lipidique est anormal.

L'ACTIVITÉ PHYSIQUE

L'exercice physique dans la prévention cardiovasculaire a plusieurs effets :

Il améliore le réseau artériel et notamment la vascularisation du cœur.

Il corrige certains troubles lipidiques :
*   il fait baisser le cholestérol total, le LDL-cholestérol (« mauvais » cholestérol) et les triglycérides ;
*   il augmente légèrement le HDL-cholestérol (« bon » cholestérol).

Il favorise la perte de poids, mais pas forcément parce que l'on brûle plus de calories, comme on a trop souvent la naïveté de le croire.

Si l'on pense en calories, 1 kg de graisse correspond à 7 730 kcal (et non pas à 9 000, car dans le corps la graisse est associée à une certaine quantité d'eau).

Combien perd-on de kilocalories à l'effort par heure ?

Le Dr de Mondenard l'a calculé en moyenne :

	Femme	Homme
Marche lente à plat	132	156
Marche à 5 km/h	180	222
Cyclisme	300	354
Natation de détente	462	546
Jogging	528	624

On constate que si l'on se contente de penser en termes de calories, il faut faire environ 3 h de promenade pour une femme afin d'éliminer les calories apportées par une religieuse au chocolat! C'est plutôt décourageant...

Combien de temps faut-il alors pour perdre 1 kg de graisse ?

	Femme	Homme
Marche lente à plat	241 h	138 h
Marche à 5 km/h	96 h	63 h
Cyclisme	38 h	30 h
Natation de détente	21 h	17 h
Jogging	18 h	14 h

Si l'on se pèse avant et après une activité physique un peu intense et si l'on constate, par exemple, 2 kg de différence sur la balance, il faut savoir que cela est dû à la perte de 2 kg d'eau par transpiration et non pas à une perte de graisse!

Il est donc évident que l'intérêt d'une activité physique ne passe pas par la perte calorique, comme on a toujours trop tendance à le croire. Ce sont d'autres mécanismes mis en jeu qui l'expliquent.

Les modifications métaboliques à l'effort. À l'effort, on note :
• une augmentation des catécholamines (substances sécrétées par la glande surrénale, dont l'adrénaline), secondairement à la majoration de consommation d'oxygène ;
• une chute de la sécrétion d'insuline.

Ces deux mécanismes permettent la mise en route :
• d'une part, à court terme, de la **lipolyse**, c'est-à-dire d'un processus physiologique conduisant l'organisme à utiliser ses graisses de réserve d'une manière préférentielle. C'est le même processus de **déstockage des graisses** que celui qui est mis en œuvre par la consommation de glucides à index

glycémique bas, qui lui aussi entraîne une diminution de la réponse insulinique ;

• d'autre part, à long terme, on a **une modification du métabolisme glucidique au niveau musculaire** : on note une augmentation des transporteurs du glucose et une diminution de l'insulinorésistance, puis une amélioration de l'hyperinsulinisme : - 40 % en six à douze semaines.

Pour commencer à maigrir en faisant du sport, il faut cependant **pratiquer un sport d'endurance sans interruption pendant 40 min au minimum**, et ce, pour un résultat plutôt symbolique, comme nous l'avons vu précédemment dans le tableau du Dr de Mondenard (p. 224)

Le grand avantage d'une activité sportive, c'est donc le bénéfice métabolique que l'on peut en tirer.

Mais pour la perte de poids comme pour la prévention cardiovasculaire, le bénéfice métabolique obtenu (baisse de l'insuline et hausse de sécrétion des catécholamines) disparaît dès le troisième jour, si l'on cesse cette activité physique.

C'est pourquoi il faut doser son effort en ne cherchant surtout pas à se « défoncer », mais en essayant plutôt d'atteindre une intensité physique qui soit à 70 % de sa capacité maximale.

Pour y parvenir, on pourra établir un point de repère en notant son pouls en pleine activité physique. La **fréquence cardiaque maximale à l'effort** est de 200/min pour un sujet de 20 ans et de 175 pour un sujet de 50 ans. La fréquence cardiaque optimale à l'exercice, pour avoir un meilleur effet d'entraînement, étant de 70 % de la fréquence maximale autorisée, elle sera donc de 123 à 50 ans.

En conséquence, quelles sont les recommandations pratiques sur le type de sport possible?

Parmi les sports qui offrent les meilleurs rendements du point de vue cardiovasculaire, on trouve :
* le cyclisme ;
* la natation (longueurs de piscine) ;
* le ski de fond ;
* le jogging ;
* la marche rapide.

L'un de ces sports devra être pratiqué environ 1 h trois fois par semaine. Sans oublier une dizaine de minutes d'échauffement pour éviter tout risque tendino-musculaire (crampes, claquage, tendinite). Mais il faut avouer que cela n'est pas facile à réaliser pour quelqu'un qui travaille.

Comment faire son choix?

Le choix d'un sport en particulier se fera notamment après un bilan cardiologique avec épreuve d'effort. En effet, certaines activités peuvent être difficiles, voire dangereuses à pratiquer pour quelqu'un qui a, par exemple, un angor :
* **le cyclisme** donne à l'obèse l'avantage d'être porté et de ne pas traumatiser les articulations des membres inférieurs. Mais il ne peut pas être pratiqué partout (difficile en ville avec les feux de circulation) et par tous les temps (pluie, gel, neige). Le vélo d'appartement est moins efficace et plus lassant, mais reste une bonne solution pour ceux qui « s'accrochent » ;
* **la natation** impose de surmonter le complexe du maillot de bain. De plus, il n'est pas toujours facile de trouver dans ses heures de liberté une piscine suffisamment peu fréquentée pour pouvoir y faire tranquillement des longueurs. L'eau portant l'obèse, il est par contre à l'aise dans ce type d'activité ;

- **le ski de fond** ne peut pas se pratiquer partout et nécessite forcément une météo favorable ;
- **le jogging** se prête souvent mal aux coronariens et aux grands obèses, qui ont toujours une restriction respiratoire. Ils s'essoufflent vite et ont donc du mal à utiliser au maximum cette phase aérobie où se fait la lipolyse. De plus, les articulations des membres inférieurs risqueraient de souffrir. Le jogging n'est donc envisageable que pour ceux qui n'ont pas de problèmes de surcharge et, dans un deuxième temps, pour ceux qui ont déjà perdu pas mal de poids ;
- **la marche (rapide, pas la flânerie)** reste souvent l'activité physique la plus adaptée à l'obèse et au sujet à risque sur le plan cardiovasculaire.

Effets bénéfiques de l'activité physique

- **À court terme**, on a :
  - une « dérivation » des nutriments qui sont utilisés plutôt comme carburants musculaires que pour fabriquer du gras mis en réserve ;
  - un éventuel amaigrissement ;
  - une amélioration du profil lipidique avec baisse des triglycérides, du cholestérol total, du LDL-cholestérol, et augmentation du HDL-cholestérol ;
  - une amélioration d'une éventuelle hypertension artérielle ;
  - une plus belle silhouette car la densité du muscle est plus grande que celle de la graisse ; il prend moins de place, on rentre mieux dans ses vêtements.

- **À long terme**, l'activité sportive va entraîner :
  - une baisse du risque cardiovasculaire ;
  - une meilleure longévité ;
  - une augmentation de la masse musculaire, d'où une augmentation de la dépense énergétique de repos ;

– une diminution, voire une disparition de l'insulinoré-sistance et une meilleure utilisation du glucose, même au repos.

La poursuite de cette activité physique (toujours au moins trois fois par semaine) est donc un élément capital pour assu-rer une prévention cardiovasculaire à long terme.

Dans l'étude Multiple Risk Factor Intervention Trial (Leon, 1997), on objective grâce à une activité physique régulière une réduction du risque de décès par atteinte coronaire de 37 %.

Dans une recherche faite à Hawaï, avec 14 ans de suivi, on a montré que des hommes retraités non fumeurs qui mar-chaient plus de 3 km par jour présentaient une réduction du risque coronaire de 50 %.

Comment reprendre une activité physique :
• faire un bilan médical :
  – électrocardiogramme d'effort pour éliminer toute atteinte des coronaires surtout après 45 ans ;
  – examen des pieds pour éviter tout risque traumatique (surtout s'il y a un diabète associé) ;
  – bilan articulaire (rachis, hanches, genoux, chevilles) ;
• ne pas chercher à faire des exploits ; il ne s'agit pas de faire du sport de compétition ou de chercher à reproduire ses chronos de jadis, quand on avait 20 ans ! Il s'agit plutôt de faire un exercice physique que de pratiquer un sport. Seules la régularité et l'obstination sont payantes. On doit y aller progressivement selon sa tolérance et ne pas chercher à se dépasser uniquement pour tester sa capacité ;
• penser toujours (on ne le répète jamais assez) à faire 10 min d'échauffement pour éviter tout accident tendino-mus-culaire.

Mais **toute activité de la vie quotidienne** peut être une occasion supplémentaire de pratiquer une activité physique :
• boudez les ascenseurs et les escaliers roulants : montez à pied ;
• ne prenez plus votre voiture pour faire la moindre course : allez à pied ;
• si vous prenez le métro ou l'autobus pour aller au travail, descendez deux arrêts avant, puis allez à pied ;
• profitez des vacances pour intensifier votre entraînement.

Si vous ne vous sentez pas assez motivé pour faire une activité physique au moins 40 min, trois fois par semaine, sachez :
• qu'on trouve toujours de bonnes raisons pour justifier le manque de temps ;
• qu'une activité physique même pratiquée au début de façon réduite a des aspects positifs : elle permet de mieux prendre conscience de son corps et de développer ses efforts progressivement. Se rendre compte au début qu'on s'essouffle au moindre effort ou qu'on n'est plus très sexy en short ou en maillot de bain peut encourager à persévérer. Réaliser tout cela peut être le déclencheur pour continuer cette activité physique de façon plus sérieuse, en respectant les conditions optimales pour la rendre vraiment efficace.

LA TOXICOMANIE

La toxicomanie est un facteur de risque cardiovasculaire. A. Satran, de Minneapolis, a étudié 112 cocaïnomanes âgés en moyenne de 44 ans : il a trouvé chez 30 % d'entre eux un anévrisme des coronaires (alors que chez les coronariens non toxicomanes sa fréquence est inférieure à 5 %).

La fréquence de ces anévrismes est apparue directement corrélée à l'importance de la consommation de cocaïne.

Par ailleurs, 71 % des sujets étaient hypertendus, 71 % avaient un taux élevé de cholestérol et 95 % étaient fumeurs.

La cocaïne lèse donc les artères et favorise l'athérosclérose. Les lésions qu'elle engendre sont irréversibles.

LA GESTION DU STRESS

Qu'est-ce que le stress ?

«Le stress c'est la vie», disait Hans Selye, ce chercheur qui lui a consacré son existence.

En effet, le stress apparaît lorsque l'organisme est exposé à de nouvelles stimulations provenant de l'environnement. Il développe alors, en réaction, des réponses comportementales et métaboliques pour s'adapter aux modifications du milieu.

Trop souvent on ne voit le stress que comme un choc perturbateur générant des conséquences négatives. C'est une vision assez fausse de la réalité physiologique.

Il faut en réalité distinguer deux types de stress :

- l'«eustress» ou stress bénéfique (excitation), occasionné par une grande joie ou une expérience passionnante. Il constitue une nouveauté qui va obliger l'organisme à mettre en œuvre des systèmes d'adaptation. Il se produira alors une «reprogrammation» du corps et une mémorisation de ces phénomènes nouveaux. Cette expérience acquise donnera à l'individu une plus grande plasticité pour gérer cette nouvelle situation dès lors apprise. Ce mécanisme est donc tout à fait positif, et c'est grâce à ces successions de «bons» stress que l'individu progresse dans l'existence;
- le «distress» ou mauvais stress, ressenti comme une agression. Il crée une sensation de «détresse» à laquelle l'organisme répond dans un premier temps par une réaction d'alarme. Mais si la perturbation persiste, les systèmes de défense de l'organisme s'épuisent. C'est cette situation pénible que l'on évoque habituellement lorsqu'on parle de «stress».

Comment l'organisme réagit-il devant le stress ?

On peut distinguer les réactions comportementales, les effets sur le système nerveux autonome et les sécrétions biochimiques induites. Toutefois, cette distinction est artificielle, car les deux phénomènes coexistent le plus souvent.

Les réactions comportementales sont, du point de vue nutritionnel, le plus souvent des troubles du comportement alimentaire : hypophagie, anorexie mentale, hyperphagie, grignotage, compulsions, boulimie.

Ces troubles peuvent d'ailleurs évoluer dans un contexte névrotique avec angoisse, anxiété, nervosité, phobie, obsessions, dépression et insomnie.

Une étude scientifique de M. Fantino relève que :
- 47 % des hommes et 37 % des femmes disent manger beaucoup plus sous l'effet d'un stress, tandis que 40 % des hommes et 58 % des femmes disent manger moins ;
- 68 % des femmes et 40 % des hommes rapportent qu'ils mangent lorsqu'ils s'ennuient.

Ces comportements, lorsque les choix alimentaires sont mauvais, peuvent favoriser la survenue d'une prise de poids.

Les effets sur le système nerveux. Le stress peut favoriser une hyperexcitabilité du système nerveux végétatif, d'où :
- une diminution du calibre des vaisseaux, ce qui aggrave l'état des artères dont le calibre est déjà diminué par l'athérome ;
- des spasmes qui peuvent carrément boucher les vaisseaux brutalement, avec survenue d'une crise d'angor, voire d'un infarctus du myocarde.

Les réponses biochimiques. Les stimuli affectifs qui nous touchent agissent sur notre cortex cérébral qui a des connexions neurologiques avec un centre cérébral capital : l'hypothalamus.

Ce dernier commande les sécrétions de l'hypophyse qui est elle-même le « chef d'orchestre » des glandes endocrines et notamment des glandes surrénales.

Ainsi un stress peut induire la sécrétion de nombreuses substances chimiques dans notre corps, au niveau des neuromédiateurs ou des hormones.

Les endorphines, le cortisol, l'hormone de croissance, l'insuline notamment sont impliqués et leurs modifications induisent une éventuelle envie de sucre ou un hyperinsulinisme ou encore une augmentation de l'appétit qui pourra indirectement être à l'origine d'une prise de poids.

Dans la phase aiguë du stress, l'augmentation des acides gras circulants, la baisse du HDL-cholestérol et l'augmentation de l'agrégation des plaquettes qui rend le sang soudain plus visqueux, peuvent concourir à la survenue d'un accident coronarien (infarctus du myocarde).

Le stress peut aussi favoriser la survenue d'une **hypoglycémie**. On a d'abord une montée transitoire de la glycémie, puis celle-ci baisse par une utilisation accélérée du glucose lors de la phase de défense. Devant cette situation, les glandes surrénales déclenchent l'alarme en sécrétant de l'adrénaline, ce qui permet de remonter rapidement le taux de glycémie, en bloquant la sécrétion d'insuline et en permettant ainsi au glycogène de mettre du glucose à la disposition du corps pour assurer le fonctionnement optimal des muscles (en cas de fuite ou de combat).

Mais le foie ne contient que 75 g de réserve de glycogène et les muscles 150 g. C'est pourquoi, si le stress persiste, le glucose disponible s'épuise rapidement. Les sécrétions des surrénales s'épuisent également et l'adrénaline n'est plus sécrétée. C'est dans cette phase «d'essoufflement» des mécanismes de défense que peut survenir une hypoglycémie. Ce phénomène peut être accentué par certains «excitants» : café, thé et alcool.

Le terrain sur lequel vont survenir ces phénomènes est capital, car certains sujets nerveux, émotifs, hypersensibles à tout stimulus et *a fortiori* à tout stress ont une grande labilité du système nerveux végétatif. Ils ont tendance à la «sympathicotonie», ce qui signifie que leur système sympathique «démarre au quart de tour» à la moindre perturbation.

Or l'excitation du sympathique apporte un maximum d'énergie pour lutter contre le stress, mais sans retenue, sans penser que ce système a ses limites et peut s'épuiser rapidement.

Cette hypersensibilité se rencontre volontiers sur un terrain anxieux d'hypersomatisation, proche de la spasmophilie, qui partage avec l'hypoglycémie de nombreux signes cliniques.

Or cette hypersensibilité est renforcée :
• par l'alimentation moderne qui favorise l'acidose ;
• par les déficits en vitamines, en sels minéraux (magnésium) et en oligoéléments, malheureusement fréquents avec nos habitudes nutritionnelles actuelles !

C'est dire l'importance d'une alimentation bien conduite pour réaliser une prévention efficace d'une trop grande vulnérabilité au stress.

LES TROUBLES DU COMPORTEMENT ALIMENTAIRE

Manger pour l'homme, ce n'est pas simplement se nourrir. Son comportement alimentaire sera fonction :

- des stimuli internes venant :
  - des messages physiologiques envoyés par l'organisme : hypoglycémie, estomac vide, etc. ;
  - des sensations de plaisir et de bien-être procurées par l'ingestion de nourriture ;
- des stimuli externes induits par des considérations culturelles, symboliques et sociales.

Les troubles du comportement alimentaire aboutissent :
- soit à des troubles pendant les repas :
  - anorexie : absence de faim au moment des repas ;
  - refus de manger malgré la sensation de faim ;
  - anorexie mentale, qui est un investissement particulier dans le déni de la sensation de faim ;
  - exagération de la sensation de faim et/ou de l'appétit ;
  - recul du moment du rassasiement ;
  - absence de satiété ;
- soit à des troubles entre les repas :
  - compulsion alimentaire ;
  - dépendance au sucre ;
  - grignotage ;
  - boulimie.

Les troubles les plus fréquents sont :
- les compulsions alimentaires,
- le grignotage,
- la boulimie,
- l'anorexie.

Statistiquement, dans un groupe de 100 femmes obèses, on en trouve :
- 40 % qui ne mangent pas entre les repas ;
- 60 % qui ont une consommation alimentaire en dehors des repas :
  - 25 % ont des compulsions alimentaires,

- 19 % grignotent,
- 1 % sont boulimiques,
- 15 % ont des troubles du comportement multiples.

Il est toujours difficile de dire si un stress est à l'origine d'un trouble alimentaire en favorisant une anomalie de sécrétion d'un neuro-médiateur ou si au contraire, c'est le trouble biochimique qui est à l'origine d'un trouble du comportement alimentaire.

Quelle prise en charge?

Les thérapies comportementales et cognitives constituent l'approche la plus efficace. Elles consistent à supprimer le comportement anormal par des techniques de déconditionnement et de reconditionnement. Il s'agit de lutter contre des automatismes réflexes.

On dépiste d'abord les circonstances favorisant la prise anormale de nourriture et on fournit les moyens de les éviter, puis de modifier durablement le comportement alimentaire du patient.

Cette approche est surtout intéressante pour les patients très vulnérables aux sollicitations extérieures (sensorielles ou sociales), qui jouent un rôle déclencheur évident.

CHAPITRE XVIII

LE PARADOXE FRANÇAIS
OU LE RÉGIME MÉDITERRANÉEN

LE PARADOXE FRANÇAIS

Depuis des années, les États-Unis sont sévèrement touchés par la mortalité cardiovasculaire. Ainsi en 1990, 1 500 000 Américains ont été victimes d'un infarctus du myocarde et 540 000 en sont morts.

Devant cette hécatombe d'adultes encore en pleine force de l'âge, car souvent âgés de moins de 60 ans, le pays qui se veut « le plus puissant du monde » ne pouvait rester sur un simple constat. Il se devait de trouver des explications au phénomène et de proposer des solutions.

Faisant preuve d'humilité, les Américains ont entrepris d'aller voir ailleurs, en s'intéressant aux chiffres de mortalité des autres pays développés.

L'étude, en 1980, du Pr Ducimetière portant sur 7 000 hommes montrait qu'en France l'incidence des crises cardiaques sur la mortalité était de 36 à 56 % inférieure par rapport à celle des États-Unis, et cela pour des populations de la même tranche d'âge et pour un même niveau de facteurs de risque (tabagisme, tension artérielle, taux de cholestérol sanguin, consommation de lipides et notamment de graisses saturées).

L'étude montrait que les Français mangeaient la même quantité de graisses que les Américains, avaient un taux moyen de cholestérol beaucoup plus élevé, mais avaient en revanche une mortalité coronarienne beaucoup plus faible!

Pour les scientifiques américains, qui depuis des années pourchassaient les graisses dans l'alimentation et traquaient le cholestérol de façon quasi obsessionnelle et paranoïaque, il y avait là quelque chose de tout à fait incompréhensible : le «paradoxe français» venait de naître...

Les statistiques de l'OMS publiées en 1990 confirmèrent ces données :

Taux de mortalité corrigé pour l'âge (pour 100 000 hommes)			
	Coronarienne	Taux moyen de cholestérol	% lipides consommés
États-Unis	240	2,09	46 %
France	91	2,33	45 %

L'étude MONICA *(MONItoring CArdiovascular Diseases)* impliquant 40 centres d'observation dans 20 pays affina ensuite les données en Europe :

Mortalité prématurée corrigée pour l'âge (pour 100 000 hommes)		
	Coronarienne	Totale
Glasgow	380	1179
Lille	105	1041
Strasbourg	102	887
Toulouse	78	575

On remarque ici que le «paradoxe français» est somme toute très théorique, car il y a en fait un «gradient» nord-sud. Les chiffres du nord de la France se rapprochent en réalité de ceux des pays anglo-saxons qui sont plutôt critiques.

DÉPARTEMENT	TAUX D'INFARCTUS DU MYOCARDE POUR 100 000 HABITANTS
Côtes-d'Armor	124
Manche	116
Ardennes	110
Pas-de-Calais	104
Bas-Rhin	100
Paris	95
Haute-Garonne	88
Drôme	77
Vaucluse	75
Isère	71
Haute-Corse	70

Mais le facteur d'environnement joue aussi : les banlieues de Paris ne sont peut-être pas toutes agréables à habiter, mais on s'y soucie convenablement de sa santé, le médecin étant assez proche, d'où une mortalité particulièrement basse.

Val-d'Oise	60
Yvelines	58

Il restait évidemment à interpréter ce paradoxe, ce qui fut fait grâce à l'épidémiologie. Cette science a pour objet de rechercher les causes ou les facteurs favorisant une maladie ou expliquant une prévention.

En l'espèce l'alimentation semblait faire la différence.

De fait, la mortalité coronarienne :

- est proportionnelle à la consommation de graisses saturées et de produits laitiers ;
- ne dépend pas, comme nous l'avons vu (et contrairement à ce que tout le monde croit), de la consommation de fromages ;
- est inversement proportionnelle à la consommation de fruits, de légumes et de graisses végétales ;
- est inversement proportionnelle à la consommation d'alcool et la corrélation inverse la plus importante qui existe se voit avec le vin, la courbe d'efficacité étant exponentielle (et non pas linéaire comme avec l'alcool).

Parmi tous les facteurs étudiés et après étude des statistiques, on peut conclure, comme l'a souligné le Pr Renaud dans une communication faite en 1992 dans *Lancet* (prestigieuse revue médicale), que le paradoxe français est essentiellement dû à la consommation de vin.

Le Pr Renaud avait donné la primeur de ses conclusions lors d'une émission à la télévision américaine, en novembre 1991, qui fit l'effet d'une bombe aux États-Unis, où la consommation de vin a depuis considérablement augmenté.

Mais la prévention coronarienne par une nutrition adaptée ne peut se cantonner à la consommation d'un peu de vin, elle dépend aussi de la consommation d'autres aliments.

Dans les régions du nord de la France, on consomme beaucoup de beurre et de pommes de terre, et on boit surtout de la bière.

Dans les régions méditerranéennes, on consomme de préférence de l'huile d'olive, des fruits et des légumes (secs notamment) et, d'une manière générale, on boit plutôt du vin.

À Toulouse, par exemple, on consomme peu de beurre et beaucoup d'huile d'olive, peu de pommes de terre et plus de légumes secs (haricots), plus de légumes verts, de fruits et surtout plus de vin.

Dans le sud-ouest, la consommation de haricots blancs (cassoulet), de graisse d'oie et de foie gras peut à elle seule expliquer un état sanitaire tout à fait exceptionnel de la population.

Plutôt que de «paradoxe français», il vaudrait donc mieux parler de «paradoxe méditerranéen»...

L'ALIMENTATION DE TYPE MÉDITERRANÉEN

Comparons le taux de mortalité pour 100 000 habitants des pays méditerranéens avec celui des États-Unis :

	Cause coronarienne	Toutes causes
États-Unis	424	961
Italie	200	1092
Crète	9	627

(Source : Étude des sept pays, 1980)

Les Crétois sont le peuple dans le monde qui semble avoir la meilleure espérance de vie et surtout dont la mortalité cardiovasculaire est la plus basse.

Voyons quelles sont leurs habitudes alimentaires, par rapport à celles des Américains :

	Crête	États-Unis
pain (en g/jour)	380	97
légumes secs	30	1
légumes verts	191	171
fruits	464	233
viande	35	273
poisson	18	3
graisse ajoutée	95	33
alcool (vin)	15	6

On note que la consommation moyenne de vin n'a pas besoin d'être importante pour être efficace. Elle répond en fait à une courbe en J ou en U : ceux qui consomment 24 à 34 g d'alcool (2 à 3 verres de vin par jour) ont la mortalité coronarienne la plus basse (environ - 40 %).

Par contre, les abstinents et ceux qui dépassent 40 g d'alcool par jour (1 verre de vin = 10 g d'alcool) ont un risque de mortalité coronarienne plus élevé. L'absence de consommation de vin expliquerait 76 % de la mortalité coronarienne d'après le Pr Renaud.

Consommation de vin	Mortalité totale	Mortalité cardiovasculaire
1 verre /jour	0,84	0,79 (= risque −21 %)
2 verres/jour	0,93	0,80
3 verres/jour	1,02	0,83
4 verres/jour	1,08	0,74
5 verres/jour	1,22	0,85
buveur occasionnel	0,88	0,86
non-buveur	1	1

(Étude de Boffetta, 1990)

Dans le tableau précédent, on fait une comparaison par rapport à un risque 1 correspondant à celui du non-buveur. Un chiffre de 0,83 veut dire qu'il y a une baisse du risque de 17 % ; un chiffre de 1,36, que le risque est augmenté de 36 %.

On constate ainsi que, pour obtenir une baisse de la mortalité cardiovasculaire sans augmenter la mortalité générale, il faut consommer 1 à 2 verres de vin par jour.

À raison de 5 verres par jour, certes la mortalité cardiovasculaire est abaissée de 15 %, mais la mortalité globale augmente de 22 %... ce qui n'est pas souhaitable.

La protection apportée par le vin est d'autant plus nette que le sujet est non-fumeur. L'étude de Framingham montre que 28 pour 100 000 des fumeurs ne buvant pas d'alcool sont morts de maladie coronarienne, contre 5,7 non-fumeurs consommant 3 à 7 verres de vin quotidiennement.

Ainsi, l'alimentation méditerranéenne basée sur le modèle crétois constitue la meilleure prévention cardiovasculaire. Outre la consommation de vin, elle associe :
• du poisson et des fruits de mer ;
• des volailles, mais peu de viande ;
• des légumes et notamment des oignons et des tomates ;
• des légumes secs (haricots blancs, lentilles, pois chiches, fèves) ;
• du pain (le plus souvent riche en fibres) ;
• des céréales, de préférence complètes,
• des laitages fermentés (fromages, yogourts), mais peu de beurre et de crème ;
• de l'ail et des fines herbes ;
• beaucoup d'huile d'olive ;
• des fruits : agrumes et fruits oléagineux (noix, amandes) ;
• du vin (rouge).

Le régime méditerranéen, ça marche !

Une étude faite à Oslo a permis de montrer que sur au moins cinq ans le nombre de décès par maladies cardiovasculaires était réduit de 60 % et de 73 % en ce qui concerne les morts subites.

Chez les sujets ayant déjà fait un infarctus du myocarde, DART a montré qu'un régime comportant deux plats de poisson gras par semaine a permis de réduire de 30 % les décès cardiaques ; ce bénéfice est apparu dès le deuxième mois de l'étude.

La première partie de l'étude d'intervention entreprise par Renaud et de Logeril montre que l'adoption d'un régime méditerranéen, comparée aux conseils plus classiques de prévention en cardiologie, a permis en 27 mois de réduire de plus de 70 % le risque de récidives d'infarctus du myocarde et la survenue de tout accident cardiovasculaire, et même a fait baisser de 50 % les décès de toutes causes, alors que le traitement médicamenteux était identique dans les deux groupes de patients.

Dans la deuxième partie de l'étude, après un nouveau suivi de 19 mois, on a pu faire le bilan de quatre ans de suivi et constater la réduction notable des accidents dus aux maladies cardiovasculaires avec le régime méditerranéen.

L'étude de l'épaisseur de la plaque d'athérome ou du diamètre des vaisseaux a même permis de montrer que, chez les sujets suivant un régime méditerranéen et ayant augmenté leur activité physique, non seulement l'atteinte de la paroi artérielle a moins progressé, elle a même régressé par endroit.

CONLUSION

Au terme de ce livre, le lecteur aura bien compris le rôle néfaste que peuvent jouer les erreurs alimentaires dans la genèse des maladies cardiovasculaires. Mais il aura surtout pris conscience que la nutrition peut constituer, pour lui et pour son entourage, un formidable arsenal préventif, voire curatif, dont on a tort de ne pas se servir suffisamment.

Les améliorations que permettent les bons choix alimentaires sur les facteurs de risque sont quasi générales. Dans certains cas, un changement radical des habitudes alimentaires peut même se traduire par une normalisation des facteurs de risques cardiovasculaires.

L'expérience montre par ailleurs que le recentrage des choix nutritionnels est non seulement compatible avec une vie familiale et socioprofessionnelle normale, mais que ces recommandations sont même en harmonie avec les règles de la gastronomie. Il n'y a ni contrainte, ni restriction, ni frustration !

La seule obligation consiste dans l'effort d'un nouvel apprentissage, qui conduira le sujet à changer ses habitudes alimentaires après avoir compris pourquoi il est de son intérêt de le faire.

Les conseils contenus dans ce livre s'appliquent tout autant à ceux qui veulent prévenir l'apparition de la maladie par un meilleur contrôle des facteurs de risque (prévention primaire) qu'à ceux qui, déjà atteints de la maladie, veulent en diminuer la progression (prévention secondaire).

Dans ce dernier cas, le rôle du médecin traitant devient très important puisque c'est lui qui motivera son patient en lui expliquant le bien-fondé de tels changements de comportement.

C'est pourquoi il est souhaitable que le corps médical voie les bienfaits potentiels d'une saine alimentation sous un regard neuf et s'intéresse à nouveau à une science dont ses membres s'étaient pour la plupart désintéressés depuis plusieurs années.

Une plus grande implication des médecins contribuera également à une meilleure prise de conscience de la société vis-à-vis de son alimentation, le but ultime étant une meilleure santé cardiovasculaire et une diminution des coûts grandissants qui y sont reliés.

ANNEXE

LA MÉTHODE MONTIGNAC :
NOTRE EXPÉRIENCE PERSONNELLE

PAR Dᴿ JEAN G. DUMESNIL ET MADELEINE CLOUTIER

On nous demande souvent comment nous appliquons la méthode Montignac dans notre quotidien. Les paragraphes qui suivent se veulent le reflet de notre expérience personnelle et de nos réflexions, trucs et conseils, plutôt qu'un résumé exhaustif de la méthode. Comme nous le verrons, les principes sont au bout du compte relativement simples, mais l'adaptation que nous en ferons nécessitera parfois quelques acrobaties compte tenu du contexte moderne dans lequel nous vivons.

Pour nous, l'essentiel est de faire jour après jour les bons choix et les bonnes associations alimentaires. En peu de temps de bons réflexes s'installent, mais il n'en reste pas moins que l'on doive y mettre un minimum d'efforts. Il n'est pas toujours facile de renoncer à des frites pour les remplacer par une salade. Cependant en comprenant les méfaits de cet aliment sur l'organisme, on y arrive plus aisément. Nous savons aussi que c'est une philosophie alimentaire que nous avons développée.

Il ne s'agit pas d'un régime que l'on suit pendant quelques mois puis qu'on met de côté après en avoir retiré quelques bénéfices. Nous nous sommes convaincus au fil des années que certains aliments étaient nuisibles pour notre santé. D'une consommation passive de produits alimentaires, nous en sommes arrivés à porter attention à tout ce que nous mangeons et à laisser de moins en moins de place à l'impulsion qui nous amenait à engouffrer n'importe quoi !

RÈGLE DE BASE

Lors d'un apport important de gras, nous éloignons tout ce qui est de la famille des sucres et vice versa. C'est un principe que nous avons appliqué en phase d'amaigrissement et que nous appliquons toujours depuis plus de cinq ans.

La *quantité* de l'aliment choisi n'a pas d'importance, c'est avant tout la *qualité* qui nous intéresse. Le tableau des glucides à index glycémique nous permet d'orienter nos choix alimentaires.

Choisir les bons glucides

Nous avons banni tous les produits raffinés comme les farines blanches ou enrichies qui entrent dans la composition de nombreuses denrées : pains, gâteaux, pâtés, tartes, pâtes, pour n'en nommer que quelques-uns. Les hot-dogs et hamburgers, oublions ça ! Les riz blancs qui ont été trafiqués et ainsi diminués de leur valeur nutritive ne font également plus partie de notre alimentation.

Nous évitons aussi certains aliments à index glycémique élevé comme la pomme de terre et bien sûr, le sucre. Il y a le sucre que l'on met dans son café, celui-là est facile à éviter ou à remplacer, mais il y a aussi les sucres cachés… Ils sont souvent là où l'on ne s'y attend pas. Ils prennent plusieurs noms. Nous avons appris à les démasquer sur les étiquettes et à les éviter le plus possible.

Quels sont les bons glucides? Des céréales de grains entiers non raffinés, des farines intégrales, des fruits à index glycémique bas, des légumineuses telles les lentilles, des légumes verts, etc. Le choix d'un bon pain est primordial, et on ne le consomme, sauf exception, qu'au petit déjeuner.

Pour ce qui est des légumes, on retrouve dans les produits congelés une bonne variété qui a été épargnée par le sucre!

Feu vert pour les fibres

On les retrouve dans les bons glucides, notamment les céréales complètes, les fruits et les légumes. Nous nous assurons d'en faire une bonne consommation quotidienne, ce qui nous permet de maintenir une régularité exemplaire!

Choisir les bons lipides

Le choix des viandes peu grasses, notamment les volailles, et la préférence que l'on donne aux poissons sont devenus des automatismes. Les sardines, le thon, le saumon, les anchois sont des poissons que nous mangeons régulièrement.

Avant la cuisson d'une viande rouge, nous enlevons le gras apparent.

Les huiles de canola et d'olive sont privilégiées en tout temps. Nous en consommons en quantité suffisante car notre organisme a besoin de bonnes graisses.

Qu'est-ce qu'on boit?

Le lait écrémé.

Le café plutôt décaféiné.

Le thé plutôt vert, pour les flavanoïdes qu'il contient.

Les tisanes (attention, on a ajouté du sucre dans certaines).

Les boissons gazeuses conventionnelles sont à bannir car elles contiennent beaucoup trop de sucre. Les boissons de régime, appelées «diète» sans être l'idéal, demeurent acceptables pour nous.

Aucun pseudo jus, nectar, cocktail, «punch» ou boisson aux fruits du commerce car ils se résument le plus souvent à de l'eau colorée avec du sucre dont ils contiennent une quantité phénoménale.

Pas d'alcool fort. Le vin avec modération, rouge de préférence. Une bière à l'occasion.

Les amis

• Le fromage cottage : fameux pour combler la satiété, on en tartine le pain le matin en le juxtaposant à une couche de confiture sans sucre. On l'ajoute à une salade le midi. On peut le manger avec de la compote de pomme sans sucre... un peu d'imagination et il saura vous satisfaire. C'est un bon parti... à fréquenter à chaque commande d'épicerie !

• Le yogourt sans gras et sans sucre est un grand ami ! En collation, on le garnit d'une céréale à haute teneur en fibres pour lui rajouter un petit goût croquant.

• Les graines de soja, les amandes, les abricots séchés, les cacahuètes, le chocolat noir (70 % de cacao), les fruits frais, des légumes crus préparés.

• J'aime bien avoir sous la main un assortiment de légumineuses en boîte déjà prêtes à consommer. On les mange en salade pour un repas vite fait.

Faire son marché: lire les étiquettes !

Règle incontournable : ne jamais acheter un produit alimentaire sans avoir au préalable consulté la liste des ingrédients.

Dans les premières semaines, faire l'épicerie nous procure toutes sortes de sentiments. On est révolté et en même temps découragé de voir que tant d'aliments contiennent du sucre. On se rend vite compte que l'éliminer totalement est quasi impossible. Beaucoup de produits s'affichent «sans *gras*» alors qu'on voit très peu de «sans *sucre*» ou «sans *sucre ajouté*» sur les étiquettes. Cela viendra avec la demande. Il y a cinq ans, le choix dans les confitures était très restreint (2 ou 3 marques tout au plus), maintenant il y en a plusieurs.

Lorsqu'il s'agit de choisir parmi quatre sortes de sauce tomate dont une seule ne contient ni sucre ni féculent, c'est réglé, nous notons la marque pour la prochaine fois. Lorsqu'on se retrouve devant un étalage de 25 sortes de pains, c'est quelque peu différent. On procède alors par élimination. En lisant la liste des ingrédients, nous nous assurons d'abord de la qualité de la farine. Un pain dit de *blé entier* peux contenir de la farine blanche ou de la farine enrichie. On doit donc s'assurer qu'il est à **100 % blé entier**. Par la suite nous vérifions s'il contient du sucre ou l'un de ses acolytes! Attention! On doit savoir que la belle couleur brune du pain est souvent due à la mélasse qu'il contient plutôt qu'à la qualité de sa farine. Enfin, s'il y a plus de 10 ingrédients… c'est suspect, car le pain est fait d'ingrédients simples. Voilà, le choix s'est réduit comme par magie à deux ou trois sortes. À ce moment-là, nous consultons les informations nutritionnelles et les comparons. Nous favorisons celui qui contient peu ou pas de sucre, peu ou pas de gras saturé et le plus de fibres. Si l'épicier n'offre pas de bons choix, nous le lui soulignons poliment et nous le faisons un détour par un magasin de produits naturels. Un bon pain est primordial et certains boulangers se donnent la peine d'en faire d'excellents. Nous ne mangeons pas du «vent» pour déjeuner mais une source d'énergie qui nous permettra de nous rendre jusqu'au soir avec entrain!

Encore aujourd'hui après plus de cinq ans, nous avons souvent des surprises en lisant les étiquettes. La composition des produits peut varier avec le temps et le lieu (une marque précise de céréales achetées aux États-Unis n'a pas la même composition que celles que l'on trouve au Québec). Il faut rester attentifs!

Note encourageante: nous avons été témoin de l'évolution du marché ces cinq dernières années et nous y voyons apparaître constamment des produits qui correspondent à nos critères de sélection.

Les ingrédients non désirables : sucre, glucose, dextrose, galactose, maltose, mélasse, sirop de maïs, miel, sirop d'érable, amidon, fécule, farine (enrichie, blanche ou non spécifiée), shortening, saindoux, huile de palme, huile de coco, gras saturé, huiles trans, etc.

DES BONS PETITS DÉJEUNERS

- Nous varions les petits déjeuners. Un plat de céréales complètes mélangées, additionnées d'un fruit coupé en morceaux (poire, pomme, pêche, petits fruits, etc.) est un bon atout pour débuter la journée. On peut mélanger à l'avance dans un grand contenant plusieurs sortes de céréales : Müesli sans sucre, Fibre 1, All bran, Shredded wheat & bran, etc. On s'assure ainsi d'un apport nutritif plus diversifié. Miser sur les céréales sans sucre et contenant le plus de fibres possible.
- Comme garniture sur le pain grillé nous alternons confitures sucrées au jus de fruits concentré, compote de pommes sans sucre, fromage cottage, fine couche de fromage gruyère.
- À l'occasion, on choisit des œufs, du jambon, du fromage, on s'abstient alors de prendre du pain ou toute autre forme de glucide. On agrémente l'assiette de laitue et tomates. C'est souvent plus facile lorsqu'on se retrouve par exemple à un buffet déjeuner à l'hôtel, de tendre vers ce type de repas, car la plupart des glucides (croissants, pain, muffins) qu'on y trouve sont faits de farine raffinée et pleins de sucres.
- Des muffins faits à la maison avec des ingrédients choisis (farine à grains entiers moulue sur pierre, fructose, huile de canola ou d'olive, fruits frais ou abricots séchés) et conservés au congélateur peuvent dépanner lors de matins pressés…

- L'omelette garnie de légumes, champignons et fromage est une autre possibilité mais on doit s'assurer de ne manger aucun glucide au cours de ce petit déjeuner. J'opte pour les œufs contenant davantage d'oméga-3.
- Le matin à la maison, nous préparons du café moitié-moitié (moitié café décaféiné et moitié café avec caféine). Le goût est à peu de chose près le même, mais nous diminuons ainsi notre consommation de caféine. Pendant la journée, on peut progressivement opter pour des tisanes aux fruits ou aux herbes ou tout autre breuvage sans sucre.
- Le matin nous ne faisons aucun écart.

LE LUNCH AU TRAVAIL

Comme notre milieu de travail est doté d'une très bonne cafétéria, nous y mangeons avec plaisir. On y offre un assortiment de desserts tentants et délicieux au goût (nous pouvons le confirmer pour en avoir mangé pendant des années...). Nous avons acquis l'habitude maintenant de passer sans même les regarder. Nous devons choisir entre deux menus du jour ou le comptoir à salades qui est très diversifié. Ce dernier contient toujours une bonne source de protéines comme le thon, les œufs, les viandes froides, le fromage cottage et une bonne variété de légumes. Nous trouvons toujours de quoi nous sustenter convenablement. Tout ce que nous devons faire ce sont les bons choix, c'est simple mais cela demande une grande rigueur. Nous faisons très rarement des écarts le midi.

LE PLAISIR DE MANGER AU RESTAURANT

Contrairement à ce que plusieurs pensent, manger au restaurant ne représente pas une difficulté majeure et demeure un plaisir renouvelé dont nous ne nous privons pas. De fait, depuis que nous avons éliminé le pain et les féculents, nous avons l'impression de goûter beaucoup plus la nourriture et nous ne sortons pas du restaurant en nous sentant «gonflés» comme autrefois!

Nous avons pris l'habitude, au restaurant, de toujours demander quel sera l'accompagnement du mets qui a été commandé. Nous demandons de substituer au riz, aux pommes de terre ou à ce qui ne convient pas, un légume de remplacement. Pour la salade, nous demandons la vinaigrette à part (car elle est souvent trop sucrée) ou tout simplement de l'huile et du vinaigre. Si la composition d'une sauce nous laisse sceptique, nous choisissons autre chose. Nous demandons au serveur quel est le dessert le moins sucré... il arrive qu'on nous offre une crème glacée ou une salade de fruits qui n'apparaissaient pas au menu! À l'occasion, avouons-le, nous nous permettons un grand écart de ce côté!

Comme nous avons peu à dire sur la cuisson des pâtes et qu'il est peu fréquent de se voir offrir des pâtes de blé entier dans les restaurants, nous les consommons plutôt à la maison. Il y a tellement de façons de les apprêter que c'est un plaisir de les cuisiner. Par définition, les sauces à la viande grasses sont totalement exclues!

Nous insistons pour n'avoir dans notre assiette que les aliments désirés.

Nous retournons la corbeille de pain qui nous est proposée en début de repas, à moins qu'il ne s'agisse de pain à index glycémique bas... ce qui est plutôt rare! Vivement le jour où les restaurateurs nous offriront du bon pain fait de farine complète! Pour le moment, laisser sur la table ces croûtons et ce pain insipide ne fait que croître la tentation d'en manger... surtout si le service est lent!

Le «fast-food» est pour nous un choix d'exception et il s'agit alors de sandwich sous-marin au pain de blé entier (en l'espérant), à la dinde, garni de légumes.

LES ÉCARTS

La perfection n'étant pas de ce monde, nous en faisons c'est évident! Cependant, rares sont les écarts impulsifs; il vaut toujours mieux les planifier pour éviter tous les remords et en profiter pleinement. Si nous prévoyons exceptionnellement manger un dessert «hors norme», alors nous débutons ce repas par une salade et préfèrons un poisson à un steak par exemple. En mangeant beaucoup de légumes nous diminuons l'impact de cet écart.

« L'écart ne doit être accepté que s'il apporte un réel plaisir. Il doit toujours être une concession au goût, à la qualité ou encore à la gastronomie », écrit M. Montignac et c'est ce que nous préconisons.

La gestion des écarts se fait également sur la balance! Même si cela peut vous paraître excessif, nous suivons les variations de notre poids de façon quasi quotidienne. On peut toujours se fier à un pantalon légèrement serré depuis quelques jours, mais la balance est là pour confirmer les trop nombreux écarts consécutifs! On reprend alors la barre sans délai et on garde le cap!

Les écarts sont donc permis. Encore faut-il bien les cerner, les espacer et en diminuer l'impact le plus tôt possible.

MÉLI-MÉLO

• Nous avons fait le tri de nos recettes et mis «en banque» celles qui nous convenaient. Plusieurs recettes sont modifiables, d'autres le sont moins, comme le fameux pâté chinois. Nous avons renoncé à le réinventer... Nous l'avons plutôt oublié!

- Les armoires ont subi une cure d'amaigrissement (!) lors de notre prise de conscience. Bye-bye ! farines blanches, fécules, soupes et sauces préparées, shortening, chips, ketchup, biscuits, mélasse, miel, etc.
- Voici un aperçu du contenu de notre garde-manger : des boîtes de légumes (haricots verts ou jaunes, asperges, tomates entières, sauce et pâte, cœurs d'artichauts, cœurs de palmiers), des champignons, des boîtes de thon, sardines, crabe, des fruits en conserve dans leur jus (sans sucre ajouté), des légumineuses variées (pois chiches, haricots, lentilles, etc.) sèches et d'autres en conserve prêtes à manger, du riz sauvage, du quinoa, une bonne variété d'huile, de vinaigre, d'assaisonnements, d'épices, du fructose, de la farine de blé entier moulue sur pierre, quelques variétés de céréales, des abricots séchés, des pâtes de blé entier, des noix et graines diverses.
- Au congélateur, nous gardons toujours des fruits de mer, des légumes, des petits fruits.
- Nous ne cuisons jamais au beurre. Cependant un beurre fondu à l'ail accompagne fruits de mer, escargots ou légumes à l'occasion.
- Toutes les viandes sont cuites dans l'huile d'olive. On peut aussi les rôtir au four, les bouillir, les cuire sur le barbecue sans problème.
- Comme panure (pour les escalopes de veau ou le poisson par exemple), nous moulons finement dans un moulin à café des amandes, des pistaches ou des noisettes, puis nous y ajoutons du fromage parmesan moulu finement et des herbes. Nous les imbibons d'abord d'un mélange d'œuf et de moutarde forte.
- Les légumes se cuisent à la vapeur, au four ou sont sautés dans un peu d'huile d'olive, tout comme les pâtes, ils gardent un petit croquant sous la dent.
- Les pâtes de blé entier sont disponibles dans les épiceries. Si vous affrontez des réticences à la maison… incorporez-les

graduellement. Faites des moitié-moitié! La cuisson est toujours *al dente*, jamais trop cuite ce qui en augmenterait l'index glycémique.

- Pour réduire l'acidité des sauces à base de tomates, nous avions l'habitude d'y ajouter un peu de sucre, nous ajoutons maintenant une poire en morceaux. Avec les autres ingrédients, elle passe plutôt inaperçue au goût mais apporte des fibres supplémentaires et diminue l'acidité.

- Nous mangeons toujours le fromage sans pain. Il est d'autant meilleur. S'il vous faut un support absolument, essayez le céleri.

- Nous mangeons peu de charcuterie. Non seulement on n'y retrouve pas de bons gras mais elle est composée trop souvent de féculents, amidon, farines de toutes sortes. La liste des ingrédients de certaines saucisses fait peur!

- On nous demande souvent si nous mangeons des avocats, vu leur contenu en gras. Nous n'en mangeons pas aussi souvent que des tomates ou des haricots verts par exemple mais ils font quand même partie de notre alimentation.

- Le foie, le boudin, les abats sont consommés à l'occasion et nous prenons soin de bien les entourer de beaucoup de légumes.

- Nous remplaçons les pommes de terre par des lentilles ou à l'occasion par le quinoa ou le riz sauvage.

- Nous utilisons la crème à 15 % de matières grasses plutôt que celle à 35 %.

- Pour ce qui est des soupes, nous les préparons toutes sans exception : soupe de légumes, soupe aux pois, aux lentilles, à l'orge, crèmes en tout genre, soupe-repas. L'orge est excellente pour fortifier une soupe, pour lui donner plus de consistance, elle remplace avantageusement le riz ou les pâtes. Il faut prendre soin cependant de ne pas trop la cuire.

- Nous ne sautons jamais de repas... nous les décalons à l'occasion.

LES DESSERTS

Il existe de nombreuses recettes d'excellents desserts élaborés par M. Montignac. Nous en préparons à l'occasion pour une occasion spéciale mais dans le quotidien pour dire la vérité, nous cuisinons peu de desserts élaborés. Les yogourts, les fruits cuits aromatisés de différentes façons, les baies (bleuets, fraises, etc.) en saison nous conviennent amplement.

Nous devons aussi souligner que nous avons toujours un bon fromage sous la main et que terminer un repas lipidique par un bon morceau de celui-ci nous satisfait pleinement. On se passe de fromage lorsqu'on mange un repas à prédominance glucidique, soit des pâtes, du riz, des légumineuses, etc. Certains nous envieront de ne pas avoir «la dent sucrée»... eh bien, nous la perdons progressivement!

L'ABC DE NOTRE ALIMENTATION

Au début de notre expérience, nous avons produit un tableau analogue à celui qui suit comme aide-mémoire des principes sous-tendant la méthode Montignac. Les amis à qui nous l'avons montré en ont fait à leur tour des photocopies pour leurs amis.

Après quelques mois, nous étions amusés et pour tout dire un peu flattés d'en retrouver des exemplaires dans les endroits les plus inattendus, y compris dans la cuisine d'un restaurant où l'on faisait un reportage à la télévision sur le phénomène Montignac. Nous l'avons quelque peu simplifié et nous espérons qu'il pourra être utile au lecteur.

Le principe en est simple : il y a les aliments à éviter, ceux qui peuvent être consommés à volonté, alors que les aliments classés A ou B ne doivent pas être consommés ensemble.

	A GLUCIDES	**B** LIPIDES	**C** À VOLONTÉ
GRAINS LÉGUMES LÉGUMINEUSES — À ÉVITER: Pommes de terre, Carottes cuites, Maïs, Betteraves	Fèves, Quinoa, Lentilles, Pois chiches, Pois verts, Pâtes de blé entier, Riz basmati, Riz sauvage, Semoule de blé entier		Artichaut, Aubergine, Brocoli, Carotte crue, Champignon, Chou, Cœur de palmier, Courgette, Haricot, Légume vert, Oignon, Poireau, Poivron, Radis, Tomate
VIANDES POISSON ŒUFS — À ÉVITER: Le gras visible des viandes, La peau des volailles		Viandes, Œufs	Poisson, Fruits de mer
PRODUITS LAITIERS — À ÉVITER: Beurre surchauffé dans la poêle		Beurre, Fromage	Lait écrémé, Fromage cottage 1 %, Yogourt sans gras sans sucre
DIVERS — À ÉVITER: Biscuit, Boisson gazeuse, Bonbon, Céréale sucrée, Confiture sucrée, Farine raffinée, Huile de palme, Huile de coco, Ketchup, Miel, Pain blanc, Riz blanc, Sucre	Pain de farine entière, Céréale complète sans sucre, Confiture, compote, marmelade sans sucre	Huile de canola, Huile d'olive, Huile de noix, Huile d'arachide	Fruits frais

On évite de manger des aliments du groupe A et des aliments du groupe B ensemble.

BIBLIOGRAPHIE

Abraham AS, Brooks BA, Eylath U. The effects of chromium supplementation on serum glucose and lipids in patients with and without non-insulin-dependent diabetes. Metabolism. 1992 Jul;41(7) :768-71.

Anderson RA et coll. Chromium in the prevention and control of diabetes. Diabetes Metab 2000; 26(1) :22-7

Appleby PN et coll. The Oxford vegetarian study : an overview. Am J Clin Nutr 1999; 70(suppl) :525S-31S.

Arts IC et coll. Catechin intake might explain the inverse relation between tea consumption and ischemic heart disease : the Zutphen Elderly Study. Am J Clin Nutr 2001; 74(2) :227-32.

Baldeweg SE et coll. Insulin resistance, lipid and fatty acid concentrations in 867 healthy Europeans. European Group for the Study of Insulin Resistance (EGIR).
Eur J Clin Invest 2000; 30(1) :45-52.

Blacher J et coll. Homocysteine, folic acid, B vitamins and cardiovascular risk. J Nutr Health Aging 2001; 5(3) :196-9.

Brown BG et coll. Simvastatin and niacin, antioxidant vitamins, or the combination for the prevention of coronary disease. N Engl J Med 2001 ; 345(22) :1583-92.

De Lorgeril M et coll. Mediterranean diet, traditional risk factors, and the rate of cardiovascular complications after myocardial infarction. Final report of the Lyon Diet Heart Study. Circulation 1999 ; 99 :779-85.

De Lorgeril M et coll. Mediterranean alpha-linolenic acid-rich diet in secondary prevention of coronary heart disease. Lancet 1994 ; 343 :1454-9.

Després JP et coll. Hyperinsulinemia as an independent risk factor for ischemic heart disease. N Engl J Med 1996 ; 334(15) : 952-7.

Després JP et coll. Evaluation and management of atherogenic dyslipidemia : beyond low-density lipoprotein cholesterol. CMAJ 2001 ; 165(10) :1331-3.

Després JP, Lemieux I, Dagenais GR, Cantin B, Lamarche B. HDL-cholesterol as a marker of coronary heart disease risk : the Quebec cardiovascular study. Atherosclerosis. 2000 Dec;153(2) :263-72. Review.

Duffy SJ et coll. Short- and long-term black tea consumption reverses endothelial dysfunction in patients with coronary artery disease. Circulation 2001 ; 104(2) :151-6.

Duffy SJ et coll. Effect of acute and chronic tea consumption on platelet aggregation in patients with coronary artery disease. Arterioscler Thromb Vasc Biol 2001 ; 21(6) :1084-9.

Dumesnil JG et coll. Effect of a low-glycaemic index – low-fat – high protein diet on the atherogenic metabolic risk profile of abdominally obese men. Br J Nutr 2001 ; 86 :557-68.

Eckel RH et coll. American Heart Association call to action : Obesity as a major risk factor for coronary heart disease. Circulation 1998 ; 97 :2099-100.

Elwood JC, Nash DT, Streeten DH. Effect of high-chromium brewer's yeast on human serum lipids. J Am Coll Nutr. 1982;1(3) :263-74.

Freedman JE et coll. Antioxidant versus lipid-altering therapy – some answers, more questions. N Engl J Med 2002; 345(22) :1636-7.

Frost G et coll. Glycaemic index as a determinant of serum HDL-cholesterol concentration. Lancet 1999; 353(9158) :1029-30.

Goldberg IJ et coll. Wine and your heart. A science advisory for healthcare professionals from the Nutrition Committee, Council on Epidemiology and Prevention, and Council on Cardiovascular Nursing of the American Heart Association. Circulation 2001; 103 :472-5.

Greger JL et coll. Nutrition versus toxicology of manganese in humans : evaluation of potential biomarkers. Neurotoxicology 1999; 20(2-3) :205-12.

Gronbaek M. Type of alcohol and mortality from cardiovascular disease. Food Chem Toxicol 1999; 37(9-10) :921-4.

Guyton JR. Effect of niacin on atherosclerotic cardiovascular disease. Am J Cardiol 1998; 82(12A) :18U-23U; discussion.

Harper CR et coll. The fats of life : the role of omega-3 fatty acids in the prevention of coronary heart disease. Arch Intern Med 2001; 161(18) :2185-92.

He J et coll. Dietary sodium intake and subsequent risk of cardiovascular disease in overweight adults. JAMA 1999; 282(21) :2027-34.

Hecker KD. Effects of dietary animal and soy protein on cardiovascular disease risk factors. Curr Atheroscler Rep 2001; 3(6) :471-8.

Hines LM et coll. Genetic variation in alcohol dehydrogenase and the beneficial effect of moderate alcohol consumption on myocardial infarction. N Engl J Med 2001; 344(8) :549-55.

Howard BV. Insulin resistance and lipid metabolism. Am J Cardiol 1999; 84(1A) :28J-32J.

Hu FB et coll. Diet, lifestyle, and the risk of type 2 diabetes mellitus in women. N Engl J Med 2001; 345(11) :790-7.

Jang Y et coll. Consumption of whole grain and legume powder reduces insulin demand, lipid peroxidation, and plasma homocysteine concentrations in patients with coronary artery disease : randomized controlled clinical trial. Arterioscler Thromb Vasc Biol 2001; 21(12) :2065-71.

Kleemola P et coll. Coffee consumption and the risk of coronary heart disease and death. Arch Intern Med 2000; 160(22) :3393-400.

Krauss RM et coll. AHA Dietary Guidelines, Revision 2000 : A statement for healthcare professionals from the Nutrition Committee of the American Heart Association. Circulation 2000; 102 :2284-99.

Kris-Etherton P et coll. Lyon Diet Heart Study. Benefits of a mediterranean-style, national cholesterol education program/American Heart Association step 1 dietary pattern on cardiovascular disease. Circulation 2001; 103 :1823-5.

Laakso M et coll. Insulin resistance is associated with lipid and lipoprotein abnormalities in subjects with varying degrees of glucose tolerance. Atheriosclerosis 1990; 10(2) :223-31.

Laird Birmingham C et coll. The cost of obesity in Canada. CMAJ 1999; 160 :483-8.

Lamarche B, Lemieux S, Dagenais GR, Despres JP. Visceral obesity and the risk of ischaemic heart disease : insights from the Quebec Cardiovascular Study. Growth Horm IGF Res. 1998 Apr;8 Suppl B :1-8. Review.

Lamarche B et coll. Fasting insulin and apolipoprotein B levels and low-density lipoprotein particle size as risk factors for ischemic heart disease. JAMA 1998; 279(24) :1955-61.

Langley-Evans SC. Antioxidant potential of green and black tea determined using the ferric reducing power (FRAP) assay. Int J Food Sci Nutr 2000; 51 :181-8.

Leon AS, Myers MJ, Connett J. Leisure time physical activity and the 16-year risks of mortality from coronary heart disease and all-causes in the Multiple Risk Factor Intervention Trial (MRFIT). Int J Sports Med. 1997 Jul;18 Suppl 3 :S208-15.

Ley CJ et coll. Insulin resistance, lipoproteins, body fat and hemostatis in nonobese men with angina and a normal or abnormal coronary angiogram. J Am Coll Cardiol 1994; 23(2) :377-83.

Liu S et coll. A prospective study of dietary glycemic load, carbohydrate intake, and risk of coronary heart disease in US women. Am J Clin Nutr 2000; 71 :1455-61.

Lonn E. Do antioxidant vitamins protect against atherosclerosis? The proof is still lacking. J Am Coll Cardiol 2001; 38(7);1795-8.

Ludwig DS et coll. High glycemic index foods, overeating, and obesity. Pediatrics 1999; 103(3) : e26.

Maxwell AJ et coll. Randomized trial of a medical food for the dietary management of chronic, stable angina. J Am Coll Cardiol 2001; 39(1) :37-45.

Mazzaglia G et coll. Exploring the relationship between alcohol consumption and non-fatal or fatal stroke : a systematic review. Addiction 2001; 96(12) :1743-56.

Mc Namara DJ. Eggs and heart disease risk : perpetuating the misperception. Letter to the Editor. Am J Clin Nutr 2002; 75(2) :333-4.

Mojzisova G et coll. Dietary flavonoids and risk of coronary heart disease. Physiol Res 2001; 50(6) :529-35.

Pendurthi UR et coll. Resveratrol, a polyphenolic compound found in wine, inhibits tissue factor expression in vascular cells : A possible mechanism for the cardiovascular benefits associated with moderate consumption of wine. Artherioscler Thromb Vasc Biol 1999; 19(2) :419-26.

Perry IJ. Dietary salt intake and cerebrovascular damage. Nutr Metab Cardiovasc Dis 2000; 10(4) :229-35.

Peters U et coll. Does tea affect cardiovascular disease? A meta-analysis. Am J Epidemiol 2001; 154(6) :495-503.

Poirier P et coll. The heart and obesity. The Heart, 10e édition, 2001; chapitre 83, 2289-303.

Porsti I et coll. Dietary calcium intake : effects on central blood pressure control. Semin Nephrol 1995; 15(6) :550-63.

Renaud SC et coll. Wine, beer, and mortality in middle-aged men from eastern France. Arch Intern Med 1999; 159(16) :1865-70.

Renaud S et coll. Coronary heart disease : dietary links and pathogenesis. Public Health Nutr 2001; 4(2B) :459-74.

Renaud S et coll. Wine, alcohol, platelets, and the French paradox for coronary heart disease. Lancet 1992; 339(8808) :1523-6.

Rimm EB et coll. Folate and vitamin B_6 from diet and supplements in relation to risk of coronary heart disease among women. JAMA 1998; 279(5) :359-64.

Rylander R. Environmental magnesium deficiency as a cardiovascular risk factor. J Cardiovasc Risk 1996; 3(1) :4-10.

Sachiko T et coll. Dietary protein and weight reduction. A statement for healthcare professionals from the nutrition committee of the council on nutrition, physical activity, and metabolism of the American Heart Association. Circulation 2001; 104 :1869-74.

Salmeron J et coll. Dietary fiber, glycemic load, and risk of NIDDM in men. Diabetes Care 1997; 20(4) :545-50.

Salmeron J et coll. Dietary fiber, glycemic load, and risk of non-insulin-dependent diabetes mellitus in women. JAMA 1997; 277(6) :472-7.

Schuitemaker GE et coll. A placebo-controlled, double-blind, randomised trial of magnesium-pyridoxal-5'-phosphate-glutamate for hypercholesterolaemia and other clinical-chemical risk factors of cardiovascular disease in a primary care setting. Eur J Clin Pharmacol 2001; 56(12) :857-63.

Shahkhalili Y et coll. Calcium supplementation of chocolate : effect on cocoa butter digestibility and blood lipids in humans. Am J Clin Nutr 2001; 73(2) :246-52.

Simopoulos AP. The Mediterranean diets : What is so special about the diet of Greece? The scientific evidence. J Nutr 2001; 131 :3065S-73S.

Stampfer MJ et coll. Primary prevention of coronary heart disease in women through diet and lifestyle. N Engl J Med 2000; 343 :16-22.

Stolzenberg-Solomon RZ et coll. Association of dietary protein intake and coffee consumption with serum homocysteine concentrations in an older population. Am J Clin Nutr 1999; 69 :467-75.

Thompson WG. Early recognition and treatment of glucose abnormalities to prevent type 2 diabetes mellitus and coronary heart disease. Mayo Clin Proc 2001; 76 :1137-43.

Tuomainen TP, Punnonen K, Nyyssonen K, Salonen JT. Association between body iron stores and the risk of acute myocardial infarction in men. Circulation. 1998 Apr 21;97(15) :1461-6.

Tuomilehto J et coll. Prevention of type 2 diabetes mellitus by changes in lifestyle among subjects with impaired glucose tolerance. N Engl J Med 2001; 344(18) :1343-50.

Vinson JA et coll. Effect of green and black tea supplementation on lipids, lipid oxidation and fibrinogen in the hamster : mechanisms for the epidemiological benefits of tea drinking. FEBS Lett 1998 ; 433(1-2) :44-6.

Voutilainen S et coll. Low dietary folate intake is associated with an excess incidence of acute coronary events : The Kuopio Ischemic Heart Disease Risk Factor Study. Circulation 2001 ; 103(22) :2674-80.

Wan Y et coll. Effects of cocoa powder and dark chocolate on LDL oxidative susceptibility and prostaglandin concentrations in humans. Am J Clin Nutr 2001 ; 74(5) :563-4.

Ward M et coll. Fluctuations in dietary methionine intake do not alter plasma homocysteine concentration in healthy men. J Nutr 2000 ; 130 :2653-7.

Ward M et coll. Effect of supplemental methionine on plasma homocysteine concentrations in healthy men : a preliminary study. Int J Vitam Nutr Res 2001 ; 71(1) :82-6.

Weisburger JH. Chemopreventive effects of cocoa polyphenols on chronic diseases. Exp Biol Med (Maywood) 2001 ; 226(10) :891-7.

Whelton PK et coll. Effects of oral potassium on blood pressure. Meta-analysis of randomized controlled clinical trials. JAMA 1997 ; 277(20) :1624-32.

Willett WC et coll. Intake of trans fatty acids and risk of coronary heart disease among women. Lancet 1993 ; 341(8845) :581-5.

Willett WC et coll. What vitamins should I be taking, doctor ? N Engl J Med 2001 ; 345(25) :1819-24.

Wolff RL, Combe NA, Destaillats F, Boue C, Precht D, Molkentin J, Entressangles B. Follow-up of the delta4 to delta16 trans-18 : 1 isomer profile and content in French processed foods containing partially hydrogenated vegetable oils during the period 1995-1999.

Zarnke KB et coll. The 2000 Canadian recommendations for the management of hypertension : Part two – Diagnosis and assessment of people with high blood pressure. Can J Cardiol 2001 ; 17(12) :1249-63.

Zoratti R et coll. Relation of plasma lipids to insulin resistance, nonesterified fatty acid levels, and body fat in men from three ethnic groups : relevance to variation in risk of diabetes and coronary disease. Metabolism 2000 ; 49(2) :245-52.

INDEX

OUVRAGES SUR LA MÉTHODE MONTIGNAC

Flammarion Québec :

Je mange, je maigris et je reste mince!
 (1999)
Je mange, je maigris et je reste mince!
 (format poche, 2001)
Bon poids, bon cœur avec la méthode
 Montignac (2002)

Éditions Flammarion :

Comment maigrir en faisant des repas
 d'affaires (1995)
Je mange donc je maigris (1995)
Méthode Montignac – Spécial Femme (1995)
Recettes et menus Montignac T. 1 (1995)
Restez jeune en mangeant mieux (1996)
Recettes et menus Montignac T. 2 (1997)

Éditions J'ai lu :

Plus jamais fatigué, coauteur J. Fluchaire (1993)
Je mange donc je maigris (1994)
Recettes et menus Montignac T. 1 (1994)
Comment maigrir en faisant des repas d'affaires (1995)
Recettes et menus Montignac T. 2 (1999)
La méthode Montignac – Spécial Femme (1996)
Mettez un turbo dans votre assiette (1996)
Je cuisine Montignac (1997)
Boire du vin pour rester en bonne santé (1997)
Restez jeune en mangeant mieux (1998)

Éditions Artulen :

Je cuisine Montignac T. 1 (1994)
Je cuisine Montignac T. 2 (1994)

NOTES PERSONNELLES

....

....

....

....

....

....

....

....

....

....

....